男尊女卑

法の歴史と今後

成清弘和

明石書店

まえがき

本書は、いまだ日本社会が解消できない「男尊女卑（男女差別）」の様相を、もっぱら法律のルールから歴史的に概観し、その知見をもとに今後を展望しようとするものである。

西洋社会ではレディー・ファーストなどのマナーが古くから存在しているが、それはあくまで表面的な姿を示しているに過ぎず、その実態を正しく表すものではない（第一、二章で論じる）。やはり、男女の経済的関係など（特に相続、夫婦財産制や婚姻・離婚などに表れるもの）をしっかりと見なければならない。そのためには、各時代の法律が最適な素材である。だから、日本の各時代の代表的な法律のルールを見ていきたいと考える。その際、諸外国との比較を交えて、日本社会の特質を浮き彫りにしたい。古代では中国（西洋も）を、近代では西洋諸国を対象とする。各々の時代で日本社会に多大な影響を及ぼしたからである。

さて、つい先年も高級官僚の女性記者に対するセクハラや、医学部入試において男女差別があらわになったばかりだが、戦後七〇年以上を経ても日本社会において、前近代的な男性ファーストの発想はなかなか解消できない。世界経済フォーラム（ＷＥＦ）が発表しているジェンダー・ギャップ指数でも、日本は常に一〇〇位以下だ。

もっとも、男女差別は欧米先進諸国でも解消されているわけではない（たとえばアメリカ合衆国で一九六〇年代の後半になってようやくフェミニズム運動が起こり西洋社会に広がったことや、ヒラリー・クリントン前民主党大統領候補の「ガラスの天井――男女差別を象徴するもの」という発言など）。また、イスラム圏の社会やインド社会における男女差別も度々報道されている。中国社会では一人っ子政策が実施されていた当時、生まれた赤ん坊のうち男子ばかりが選好されたこともあったようだ。こうして概観すると、現代でも文明化した人間社会では男女差別は共通する特徴のように見える。しかし、本当にそうだろうか。

ところが驚くべきことに、わが日本の古代社会では男女差別があまりはっきりしていなかったようである。それは当時の法律である律令を見れば明らかだ（ただし、「律」は現在の刑法に近い規定が大半なので、本書のテーマの「男尊女卑」とはあまり関係しない。説明の対象となるのは「令」のルールだ）。なかでも中国（唐）の令を大幅に変更した養老令（一般によく知られている大宝令ではない）の、いわゆる家族法に該当するルールを分析すると、かなり説得的に解明できる。つまり、養老令の家族法ルールは、男女格差の小さい、当時としては画期的なものとみなせるのである。この私見は従来のものとは大きく異なり、本書の最も重要な指摘だ。専門的な話になるが、できる限りわかりやすく説明するので、熟読・理解していただきたい。また、このことは古代の他の文書（「正倉院文書」など）でも傍証できる。

では、どのような経緯で現状（「男尊女卑」が広く社会を覆ってしまっている）のようになってしまったのだろうか。本文で論じていくが、やはり東アジア第一の大国・先進国であった中国の圧倒的な影響によるものだろう。つまり、七、八世紀に中国（唐）から律令という法の体系を受け入れた際、先に述べたように家族法の領域はかなり独自に改変したが、その他の部分（行政法などの領域）は中国律令をほぼそのまま受け入れた。中央集権的な古代国家を早急に作り上げるために、統治の道具として大いに利用する必要があったからだ。そうすると、中国律令そのものに内在していた「男尊女卑」観念（たとえば、官僚はすべて男性に限られており、その公的な教育機関には儒教―「男尊女卑」を根底から支える思想体系―の教典が多く用いられた）が、律令を運用する貴族支配層に自ずと浸透し、それが時代と共に被支配層に徐々に受け入れられていったと推定できるのだ。またその後、頻繁な遣唐使などの派遣を通して中国の文物の流入と浸透、なかでも儒教（仏教も）の受容も一層、本格的になった。この頃に、女性に対するケガレ観が史料の上ではじめて確認できる（詳しくは拙著『女性と穢れの歴史』を参照してほしい）。

さらに、武力闘争を主な手段とする武士が権力を握ると、この傾向が一層進行したと考えられる。もちろん武力闘争の中心的な担い手は「男性」だからだ。女性に対するケガレ観も中世から近世にかけて一気に強まった。

その上、西洋近代と接触せざるを得なかった明治期に近代的な法治体制が築かれたが、モデルとすべき一九世紀の西洋社会はかなり「男尊女卑」的な法体系を作り上げていたので、明治民法もそれを見習った。ここに、中・近世以降の「男尊女卑」的な固有の法体系と西洋近代の「男尊女卑」的な法体系が合体し、非常に強固な「男尊女卑」的法体系が成立したのである。そして日本社会の全階層に一気に広まることになった。

この状況が、第二次世界大戦の敗戦によるGHQ（実質はアメリカ占領軍）の政策により、明治民法のうち封建的な（つまり男尊女卑的な）親族・相続両編（＝家族法）が大幅に変更され、男女平等的なものとして改正されたわけである。

しかしながら、先に指摘したような現状が依然として続いている。なぜなのか。きわめて乱暴に推理すると、その主な原因を二つ想定できるかと考えられる。まず第一は、憲法改正論議の際にいわれる、GHQによる「押しつけ」が関係しているのだろう。つまり、残念ながら日本社会の内在的な欲求による民法（家族法分野）の改正（＝男女差別の解消）ではなかった、ということだ（もちろん当時の審議会で、現民法への変更を強く主張した法学者がいた反面、旧来の明治民法を擁護する法学者もあり、内在的な欲求とは必ずしもいえなかったようだ。当然のことながら、小学校までの義務教育で終わっていた一般民衆はそのような法律上の知識は持ち得なかっただろう）。第二は、日本社会では一旦確立した政治・社会体制はなかなか変化しにくいという特性が思い浮かぶ。その一例として、七世紀後半に成立したと考えられる天皇制が、その内実を変えつつも紆余曲折を経ながら現在まで存在し続けている、という事実が指摘できる。島国という地理的環境が大きな要因だったかもしれない。

もちろん、現状を容認するわけではない。少子高齢化がさらに進む上に、男尊女卑的な社会が変わらないと、日本は国際社会の進歩からまちがいなく取り残されてしまうだろう。まず労働力不足による経済面で、次に政治面で。したがって、早急に改善すべき国民的課題として取り組まねばならない。

なかでも、政治面での改善が大きな課題だろう。というのも、中国律令の影響で女性が社会から後退せざるを得なくなった、象徴的な出来事が女王・女帝の消滅ということだったから。そもそも古代日本では政治的リーダーとして女性も活躍していたのはまちがいなく、その先頭に立っていたのが女王・女帝であった。ところが、八世紀後半の称徳女帝を最後に、女王・女帝は実質的には登場していない（江戸時代の二代の女帝は政治的な権力もなく、例外と見なせる。女王・女帝の詳細に関しては拙著『女帝の古代史』を参照してほしい）。

一方、経済面での男女格差は中世あたりまではあまり大きくなかった。現代でも、家計を維持・管理する妻（主婦）が多いのも日本社会の特質だ。欧米ではそういう家庭は少数で、大半は夫が管理しているようだ。

ところが現代では、政治面でのジェンダー・ギャップ指数がもっとも大きいと報告されているのだ。それゆえ、まず政治面で男女差別を排除することが、今後の日本社会の動向を左右する重要なポイントとなるだろう。

いずれにせよ、本書で指摘したことをもとに、読者の皆さんが日本社会における「男尊女卑（男女差別）」の今後を展望して下されば幸いである。

男尊女卑——法の歴史と今後◎目次◎

序章　「男尊女卑」の歴史的変化概観

まず、日本の法律のルールにみえる男尊女卑の歴史的変化をザックリと見ておこう。もちろん法律の条文に男尊女卑などという言葉は登場しないので、その実体として財産相続・夫婦財産制・婚姻・離婚（および不貞〈夫や妻の不倫〉に対する罰則）の四項目について、各時代のルールを取り上げてまとめてみる。

その際、最初に強調しておきたいのは、そもそも古代日本社会では、双方（系）制という親族原理に則して男女格差が曖昧だった、つまり男尊女卑的ではなかったということである。これは非常に重要な特徴なので、十分に了解しておいてほしい（第一章で詳論する）。

この状況のもと、八世紀前後に中国から律令制という統治システムを導入することにより、律令制の思想的基盤である儒教の男尊女卑の考え方が、日本社会の支配層にまず流入する。なかでも唐風化を強く進めた桓武・嵯峨天皇が在位した九世紀前半期に、この動きは一層鮮明となった。なにしろ両天皇が後ろ盾となった新仏教である密教の根本道場の一つだった延暦寺には、唐風の服装をした桓武天皇の肖像画が残っているほどであるから。そして時代の進行〈とくに武士の台頭と武家政権の成立〉とともに男尊女卑の考え方が徐々に社会全体に広まっていったと考えられる。

このようにして、近代以前の中国の圧倒的な影響で、古代後半から中世以降にまず支配層から男尊女卑的社会に移行し、近世になり被支配層にも浸透・定着して全社会を覆うことになり、近代の明治時代ではそれが西洋近代法の形式で制定された。しかし、第二次世界大戦後にGHQの意向により、民法の家族法分野が男女平等的ルールへと改正された、という経過をたどることとなった。実態としても、近年では相続などの場での女性の財産相続、夫婦財産制における夫婦の平等性、婚姻や離婚における男女の対等性などはかなり認められていると考えてよいのではなかろうか。

以上の経過をわかりやすく示すために、男尊女卑の実体を財産相続・夫婦財産制・婚姻・離婚〈および不貞〈夫や妻の不倫〉に対する罰則〉の四項目に分け、各時代の代表的な法律ルールの変化を視覚的に確認しやすいよう表1に掲げる。

表1　日本社会における財産相続・夫婦財産制・婚姻・離婚の歴史的変遷

	財産相続	夫婦財産制	婚姻	離婚
古代	女性の相続権あり	夫婦別財制（妻の所有があった）	・男女当人が主体【説話の世界1】 ・婚姻形態は多様で曖昧（嫁取り婚はまだ広まっていない）	・離婚そのものが曖昧 ・妻の持参財産は夫の所有とはならず、返還されたらしい ・夫婦の不貞がともに処罰されたか否かは不明

◎八世紀までは女王・女帝が統治者として活動した（これ以降の日本では、女性の政治的リーダーは登場していない。ただし、江戸時代に明正・後桜町の二女帝の即位が確認できるが、もはや実権はなかった）

◎女性が司祭や巫女として祭事に関わっていた

◎女性の経済的活動なども確認できる

・九世紀以降になると、唐風化が進み、宮廷祭祀の場などで、女性に対するケガレ観が史料上はじめて登場してくる

・一〇～一二世紀ころに、摂関政治が登場しさらに院政へと転換したが、これは王族（天皇一族）の血統原理が、母（女）方も重んじる双方的なものから父（男）系へ転換したと解釈できる

・婚姻において親の関与が強くなる【説話の世界2】

中世武家社会		近世武家社会
・女性の相続権あり ・一三世紀後半以降「一期分」などの制約が加わる ・家督相続では長男子の相続が原則だが、まだ不安定	・一三、四世紀になると、各神社の参拝ルールなどで女性に対するケガレ観が一層強まる ・女性の経済的活動などが様々な史料から確認できる ・一六世紀後半の宣教師・フロイスの記録によると、夫婦別財制に近いと思われる記述があり、妻側からの離婚もあったらしい	財産相続と家督相続が一体化し、長男子の相続が原則となり、女性の相続権はほぼ認められない ※庶民の女性には財産相続権があったようだが、限定的
夫婦別財制 （妻の所有があった）		夫中心の夫婦別財制 （妻の所有は限定的） ※庶民でも妻の所有は限定的
嫁取り婚が普及し、妻は夫に従うべきという考え方が広まる 【説話の世界3】		・全社会的に親の関与が強い ・嫁取り婚が普及し、妻は夫に従うべきという考え方が広まった ※庶民でも妻は夫に従うべきという考え方が広まった
・妻側からの離婚もあったか ・妻の不貞が問題視され、処罰された		・夫側、妻側両家の話し合いによるものが大半 ・男子は父方に帰属するのが原則のようだ（女子は話し合いによる場合などがある） ・妻の不貞（密通）のみが問題視され厳しく処罰されたと推定できる

	近代		現代	
	家督相続が財産相続より優先され、女性の相続権はほぼ認められない	・近世（江戸時代）から近代（戦前）に至るまで、出産や月経などに伴うと考えられた女性のケガレ（「赤不浄」などといわれた）を日常世界から遠ざけるために、東北から九州にかけての各地域（特に有力な神社と関係の深い地域）では、産屋・月経小屋などという施設が村落の外れに設けられ、女性たちが一定期間そうした小屋にこもるような習俗もあった	女性の相続権あり	◎女性の政治的リーダー（国家の代表）は登場していない（国会議員などの数も非常に少ない） ◎女性と祭事との関わりは認められるが、制約も残っている ◎女性の（指導的な）経済的活動なども制約を受けている
	・夫中心の夫婦別財制 ・妻は法的に無能力者		夫婦別財制（妻の所有もあり）	
	・戸主などの関与あり ・妻は夫の家に入る ・嫁取り婚が中心		・男女当人が主体 ・嫁取り婚はあるが、ほかの形態もある	
※庶民もほぼ同様	・子の監護権は夫にある ・妻の不貞のみが離婚の要因となり、処罰された		・子の監護は夫婦の協議 ・夫婦双方に財産分与権あり ・夫婦双方の不貞が離婚の要因となるが、処罰はない	

（※二重点線部は男尊女卑的な内容で、二重傍線部は男女平等的な内容を各々表す。これらの表記は以下の各章でも同様の意味で用いる）

こうして概観してみると、古代日本（八世紀まで）と現代日本との、男尊女卑的ではない男女関係の類似性がきわめて明瞭になるのではないだろうか。なにしろ相続・夫婦財産制・婚姻などの三項目において、古代のルールは現民法のそれとあまり大きく違わないのだから。

一方、両者を比較すると相違点も浮かびあがってくる。それは、マツリゴト（政事・祭事）の場における女性の存在のあり方だ。古代では八世紀までだが、女王・女帝が登場し、古代のヤマトを統治した。祭祀の場においても、女性は司祭者・シャーマン（巫女）などとして祭事に関わることが多かった。

これに対して、現代はいかがだろうか。政治（政事）については、「まえがき」で紹介したように、世界経済フォーラム（ＷＥＦ）が発表しているジェンダー・ギャップ指数では、ほかの分野に比べて特に悪く、日本は常に一〇〇位以下の最低ランクだ（驚くべきことに、指数そのものでも男尊女卑の本家本元である中国よりも悪い）。国会議員や閣僚などにおける女性の割合は、諸外国に比べて圧倒的に少ないのが現状である。また祭事では、女性に対するケガレ観はかなり緩和されたようだが、いまだに女人禁制を強制する祭事もかなり存在している（祭事を主催する当事者は常に「伝統によるもの」と、判で押したように弁明するが）。このように、現代では古代に比べてマツリゴト（政事・祭事）の場において男尊女卑の考え方が根強く残存している、といえるだろう。

もちろん、千年以上も隔たった古代日本社会と現代日本社会の男女関係などを直接的に比較するのは乱暴に過ぎるだろう。両者の政治・経済・社会の様相は各々大きく異なっているのだから。たとえば、古代日本の男女格差がそれほど大きくないのは、さきに述べたように、古代社会において大きな存在であった親族組織が双方（系）制によるものだったと考えられるだろう。その仕組みによって女性も一定の主体性が認められ、社会的活動も許容されていた。一方、現代日本社会が男女平等を志向するのは、近代西洋社会で女性の社会進出が果たされたゆえの、民主主義体制下の理念や女性からの要求によるものといえるだろう。古代日本と現代の男女関係が類似するといっても、こうした相違が背景にあるのは間違いない。

これらの点は、終章で再び考えたいと思うので、これからしばらくは各時代の説明にお付き合い願いたい。ただし、各時代の詳しい状況の理解は後回しでも良いと思われる読者は、さきに終章へ進んで下さって結構。

第一章　古代の男女関係
——男尊女卑的ではなかった

第一節　中国（唐）令と大宝・養老令

まず、本章の主要な素材となる律令とは何か、大略を説明しておきたい。そもそも律令とは、中国の歴代の王朝が国を統治するために作り続けた法律で、その内容が竹簡（竹の札）などで確認できるのは紀元前の秦・漢の時代からである。そのうち、律とは現代の刑法などに近く、行政行為などに関わる刑罰規定が中心であるのに対し、令とは現代の行政法や商法、民法などの一般的な法に近い内容だった。しかし、秦・漢代あたりでは律が基本法、令が追加法という関係にあった。他方、一四世紀以降の明・清の時代でも律が重んじられた。だから、中国社会ではやはり律が法律の中心であったと考えられる。

一方、古代日本の律令は、いうまでもなく中国（唐、正確にいうと隋のものも考えねばならないが、史資料があまり残っていないので割愛する）律令の圧倒的な影響下に成立した。けれども、興味深いことに日本では中国とは対照的に令が重んじられた。東アジアの国際情勢により、古代国家を早急に中央集権的に再編成するために、統治システムに直結する行政法などとしての令を導入、整備、運用しなければならなかったからである。

では、日本律令の成立過程を以下に紹介する。

まず、大王・天智が七世紀の後半に近江令を編纂したと伝えられるが、その詳細はほとんど不明。次に、天武天皇が浄御原《きよみはら》（律）令の編纂を命じ、持統天皇の時に施行された。これは『日本書紀』にもその断片が記されているので、一部の内容がわかる。ただ律は一部編纂された程度と推定できる。しかし、近江令・浄御原（律）令ともにまとまった形で伝えられるものではなく、その全体像はやはり不明である。

次の大宝令《たいほうりょう》は大宝元年（七〇一）に制定され、翌大宝二年（七〇二）に施行されたが、その条文の半数ほどは『令集解《りょうのしゅうげ》』という九世紀半ばにまとめられた養老令の私的な注釈書から復元されている。律も一部わかるが、大半が不明。したがって、不十分な点が数多くある。

ようやく養老令《ようろうりょう》（養老二年〈七一八〉制定、天平宝字元年〈七五七〉施行）になり、『令義解《りょうのぎげ》』という九世紀前半に成立した公式の注釈書によって、かなり完全に近い形で各条文が伝えられている。律ももちろん作成された。ところが、その本文ははやく散逸したが、現状では一定の割合で各条文が復元されている。

これに対して、大宝・養老両令の母法である唐の令もはやくに散逸したが、諸先学の努力により現在、開元《かいげん》時代（八世紀前半の玄宗《げんそう》皇帝の時代）の令を中心に一定のところまで復元されている。また、近ごろ寧波《ニンポー》の天一閣《てんいつかく》博物館で北宋の『天聖令《てんせいれい》』が発見され、そこに廃止された唐令（開元時代のもの）が併記されていた。驚くべき発見だったが、それは令全体の一部に過ぎず（「田令」などの一〇巻のみ）、本章で中心的に扱う「戸令」は残念ながら含まれていなかった。一方、日本とちょうど逆転する形で、律は『唐律疏議《とうりつそぎ》』という書物（最終的な完成は一四世紀ころの元の時代）に開元時代の律の本文およびその注釈がほぼ完全な形で伝えられている。

こうした史料の残存状況での比較なので、そこに限界があるのは当然だが、古代という時代を考えればある程度はやむを得ないことだろう。したがって、その考察結果についてはそれなりの信頼性を確保できるものと考える。また、以下の記述はどうしても専門的になる。それゆえ、各条文を取り上げての説明（もっぱら現代語訳を見てほしい）が理解しづらく思われるかもしれない。そのような場合には、以下に示す八種類の表（表2～9）に注目してもらえれば、理解しやすくなると思われる。

第二節　中国（唐）令と養老令（大宝令）のルール

1　財産相続と夫婦財産制

ではまず、古代日本の財産相続のあり様を詳しく見ていくこととする。その素材となるのは戸令応分条《こりようおうぶん》という条文である。

そもそも戸令とは、養老令三〇編のうち八番目におかれた編目（大宝令では詳細はわからない）で、律令国家の課税の基本対象となる「戸」の設定、戸籍の作成、「家」の秩序、身分秩序、国郡司の教化政策などについての規定が中心だ。現代の法律でいえば、民法の親族篇・相続篇や戸籍法などに近いものが含まれていると考えられる。そのなかの二三番目の条文が応分条で、そこでは遺産相続について規定されている。

ところが、その元となった唐の戸令では「家産」の分割方法について規定する。つまり、中国社会の伝統的な考え方では、遺産相続という事柄は存在せず、常に父（男）系を中心軸とした「家」が未来永劫続くと考える。そして、その状態を維持できなくなった時点にいたり、家の財産を所属する男性メンバー（女性は排除されていた）でやむを得ず分割する、と考えるのだ。古代日本とは大いに異なる家族原理である。

だから、古代日本が中国（唐）の律令を受け入れる際に、条文の理念や内容などをかなり大幅に改変せざるを得なかった。その原因は、中国社会と古代日本社会の実情がかなり異なっていたと考えられるからだろう。そうした意味で、戸令応分条は古代日本の社会の実態を強く反映したものと考えられる。したがって、本条は、中国（唐）と古代日本の社会を考える際に、大いに注目されるべき条文で、これまでも数多くの研究が行われてきた。こうした令文の大幅な改変は、ほかに神祇令という国家祭祀を規定した編目くらいだ。やはり国家祭祀の実態が、中国（唐）と古代日本ではなはだ相違していたからである。

いずれにせよ、戸令応分条は相続における当時の女性の財産所有のありかたを知るのに格好の素材といえる。

では、唐と日本（大宝令と養老令）の戸令応分条をそれぞれ紹介し、各々の特徴を大まかに説明していこう（煩雑になるので注は省略する。現代語訳の傍線部の箇所が各々の相違するところ）。本節は大宝令と養老令を中心に述べるわけだが、唐の条文を参考にして両令の条文が作成されたと考えられるので、三者を比較・検討する必要がある。まず本家本元といえる唐のルールから紹介する。

A　唐令復元案

〔原文を訓み下したもの〕

①諸《すべ》て分す応《べ》く者《は》、田宅及び財物、兄弟均分せよ。②妻家《さいけ》の所得の財は、分する限りに在《あ》らず。③兄弟亡《し》な者《ば》、子、父の分を承《う》けよ。兄弟倶《とも》に亡《し》なば、則《すなは》ち諸子均分せよ。④其《そ》の未《いま》だ妻を娶《めと》らぬ者、別に娉財《へいざい》を与へよ。姑《こ》姉妹、室《しつ》に在《あ》ら者《ば》、男の娉財の半《なか》ばを減《げん》ぜよ。⑤寡妻《かさい》、男無《な》く者《ば》、夫の分を承《う》けよ。若《も》し夫の兄弟皆亡《し》なば、一子の分に同じくせよ。

〔現代語訳〕

①一般的に（家産を）分割する場合は、不動産および動産は兄弟間で均等に分割せよ。②（兄弟各々の）妻が所有する財産は分割の対象とはならない。③（分割の主体者である）兄弟（のうち一人）が死亡したならば、その子が父の分を受け継げ。（分割の主体者である）兄弟全員が死亡したならば、（各々の）子たちが均等に分割せよ。④（分割の主体者である兄弟のうち）未婚の者には、別に婚姻に必要な財産を与えよ。父方のオバや姉妹が未婚ならば、（未婚の兄弟に与えられる）婚姻に必要な財産の半分を減らせ（半額を与えよ）。⑤（分割の主体者である兄弟の）未亡人に男子がなければ、（未亡人が）夫（分割の主体者である兄弟）の取り分を受け継げ。もし夫の兄弟が全員死亡しているならば、（未亡人は）（③の）子と同じ分とせよ。

さて、各項目を注も加えてその特徴をまとめてみる（なお、二重点線部は男尊女卑的な内容）。

①不動産、動産などの家の財産（家産）を分割するには兄弟が均等に分ける〈注では、父祖の死亡後、一定の条件がない限り分割はできない、とする〉。つまり、女性は排除される。＝経済面での「男尊女卑」

②兄弟の妻たちが所有する財産は分割の対象とはならない。〈注では、妻が死亡すれば、その所有財産は夫の家の財産になる、とする〉＝夫中心の夫婦同財制に近い

③兄弟のうち死亡している者があれば、その子供（男子）が権利を引き継ぎ、兄弟全員が死亡していれば、各々の子供（男子）たちが全員で均等に分割する。

④未婚の兄弟があれば結婚資金を別に与える、未婚のオバ（父方の）や姉妹があれば兄弟の半分の結婚資金を与える。

⑤兄弟の未亡人に男子がなければ夫の分が与えられ、もし兄弟全員が死亡していれば各々の男子と同額のものが与えられる。〈注では、男子があれば、未亡人にはその権利はないとし、再婚してもその権利は消滅する、とする〉＝夫中心の夫婦同財制に近い

そもそも近代以前の中国においては、父（男）系の血縁でつながる家族が財産を共有する

生活スタイルをいう「同居共財《どうきょきょうざい》」（同居にはあまり意味はなく、財産を共有することに意味がある）が家族生活の基本原理であった。したがって、たとえそのリーダーである「家長」（多くの場合は父・祖父）が死亡しても、その生活スタイルは継続していくべきものだった。それが何らかの理由で不可能な場合にかぎって、家の財産（家産）を分割し、それぞれの「家」を設けることが許される。このような生活スタイルにおいて、遺産相続ということはもともと想定できない事柄なのである。

本条文も以上のような考え方をもとに作られたもので、分割主体者の兄弟を中心として各項目が整合性をもって定められている。つまり、家産分割においては兄弟間で均等に分割され（兄弟均分主義という）、女性は基本的には排除される＝経済面での「男尊女卑」（①）。ただし、④のように、結婚の際にそれに必要な資金（結婚資金）が男子の半分を与えられ、結婚後も一定程度その所有は認められていた。しかし、その女性が死亡すれば、所有財産は夫の家の家産に吸収され、未亡人となった場合も亡夫に与えられるはずの分財権を一時的に預かるという程度にすぎなかった（②）。つまり、妻には永続的な財産所有は認められていなかったのである。これは、夫中心の「夫婦同財制」というものに近いものだ（②と⑤の注）。③は現代にいう「代襲相続」のルールに匹敵するもので、やはり孫の世代でも兄弟均分主義が一貫している。

こうした家産分割の考え方は唐の時代に限られるのではなく、近くは第二次世界大戦前の中国の村落調査でも同様の考え方が、農民社会にまで及んでいたことが明らかにされている。
ここに各項目ごとに、その特徴を表2にまとめておく。

表2　唐令の財産分割

①	家産は兄弟が均等に分割する〈注では、家産分割は父祖の死亡後、一定の条件がない限りできない〉＝兄弟均分主義、経済面での「男尊女卑」
②	兄弟の妻の所有財産は分財の対象ではない〈注では、妻が死亡するとその所有財産は夫の家の家産に組み入れられる＝妻に永続的な財産所有が認められていない≒「夫中心の夫婦同財制」〉
③	兄弟が死亡しても均分の原則は守られる
④	兄弟に未婚の者があれば結婚資金を与える 未婚の父方のオバや姉妹にもその半分が与えられる
⑤	兄弟の妻に男子がなければ兄弟死亡後、夫の分が与えられる〈注では、男子があれば与えられず、再婚してもその権利は消滅する＝妻に永続的な財産所有が認められていない≒「夫中心の夫婦同財制」〉

以上で明らかなように、唐においては、家の財産は原則として男性がもっぱら所有し、女性の所有は原則として排除されていたと考えてよいだろう（＝経済面での「男尊女卑」）。また②や⑤の注より、夫婦の財産所有スタイルも夫が中心の「夫婦同財制」的なものであったと推定できる。そしてこのようなあり方は、男性の血縁関係を基軸に親族が組織されるシステムである父（男）系制という親族組織にしっかりと対応していると考えられるのである。

このように、中国（唐）令の規定では、家産分割（≒相続）という事柄において男尊女卑の本家本元といった特質が明らかである。こうした家族メンバーの家産所有のあり方は、父（男）系的親族組織にもとづく儒教の家族道徳に即し、父子（男子）一体を中心理念とする近代以前の中国特有の家観念に根ざすもので、唐代のみに限定されるものではなかった。

一方、日本の戸令応分条が、遺産相続法であると理解できることをまず確認しておきたい。以下に紹介するCの養老令の応分条の※の部分に、「同財共居」（同居共財と同じ）という語が例外規定（「もし」で始まる）として記されていることから、「同財共居」が近代以前の中国のように、家族生活の基本理念などとはいえるものではなかったことが明らかに指摘できる。また、生前譲与も認められていた。これは中国の基本理念とは相容れないものだ。

また『令集解《りょうのしゅうげ》』という九世紀代の注釈書に記される、大宝令の注釈である「古記《こき》」をはじめとした諸注釈の議論からも、遺産相続法と考えて何ら支障はない。したがって、大宝・養老両令の応分条は唐のルールである家産分割法とは理解できず、遺産相続法と考えてよいのである。

では、まず大宝戸令応分条の説明から始めよう。

B　大宝令復元案

〔原文を訓み下したもの〕

①凡《およ》そ分す応《べ》く者《は》、宅及び家人《けにん》、奴婢《ぬひ》、並びに嫡子《ちゃくし》に入れよ。財物は半分、一分は庶子均分せよ。②妻家《さいけ》の所得の奴婢は、分する限りに在《あ》らず。③兄弟亡《し》な者《ば》、子、父の分を承《う》けよ。兄弟倶《とも》に亡《し》なば、則《すなは》ち諸子均分せよ。⑤寡妻《かさい》、男無《な》く者《ば》、夫の分を承《う》けよ。

〔現代語訳〕

①一般的に（遺産を）分割する場合は、不動産および貴重な動産はともに「嫡子」（正妻が産んだ第一子）に与えよ。動産は半分（を「嫡子」）に、残りの半分は「庶子」（「嫡子」以外の子供たち）が均等に分割せよ。②（被相続人の）妻が所有する貴重な動産は、分割の対象とはならない。③（相続人である）兄弟が死亡したならば、その子が父の分を受け継げ。（相

続人である）兄弟全員が死亡したならば、（各々の）子たちが均等に分割せよ。⑤（相続人である兄弟の）未亡人に男子がなければ、（未亡人が）夫（相続人である兄弟）の取り分を受け継げ。

各項目の特徴を注もふくめてまとめてみる。

①遺産を分割するに際して、不動産や奴隷などの高額の動産は「嫡子」（正妻が産んだ第一子）に与える。〈注では、高額の動産について「嫡子」が状況に応じて分割するならば許す、とする〉その他の動産の半分を「嫡子」に、その残りを「庶子」（「嫡子」以外の男子）が均等に分割する。

②被相続人の妻が所有する奴隷などは分割する対象ではない。〈注では、妻が亡くなれば彼女の父系近親に返還する、とする〉＝夫中心の夫婦同財制に近い

③相続人である兄弟たちが亡くなっているならば、その子供（男子）がその権利を引き継ぐ。兄弟全員が死亡しているならば、その子供（男子）たちが均等に分割する。

④規定そのものがない。

⑤未亡人となった相続人の妻に男子がなければ亡夫の分が与えられる。〈注では、もし夫の兄弟全員が死亡していれば、その妻には子供たちの分と同じものが与えられる、子供

があろうがなかろうが同様である、ここでいう未亡人とは夫の家に留まって再婚していない者をいう、とする〉＝夫中心の夫婦同財制に近い

一見して理解できるように、唐令に比べると、①が大幅に変更され、④が削除されているのだ。①はあとの養老令の規定にも近く、「嫡子」を優遇しているのは明らかで、従来から注目されていた点だ。やはりその背後には中国と古代日本社会の相続の慣行が異なっていたと推定される。これを「嫡庶異分主義」という。一方、④が削除されていることは、養老令の同じ項目と比べると、その異様さが際立つ。つまり、養老令の規定では、唐令の規定を大きく変更して、未婚のオバや姉妹に男子の半額だが遺産相続そのものを認めているのだ（結婚資金という限定されたものではない）。それを大宝令はものの見事に削除しているのである。こうした点は唐令に近く、経済面の「男尊女卑」といえるだろう。②と⑤の注も唐令に近いものと判断できる。他方、大宝令の注釈の議論から※部分があったと推定できる。したがって、大宝令の規定は、唐令と養老令の各要素が混在したものといえるだろう。

ここに各項目ごとに、その特徴を表3にまとめておく。

表3　大宝令の遺産相続

①	遺産相続は嫡庶異分とする〈注では、貴重な動産の処分についても「嫡子」の処分権が認められる〉
②	被相続人の妻が所有する貴重な動産は相続の対象ではない〈注では、妻が死亡するとその父系近親に返還する＝妻に永続的な財産所有が認められていない≒「夫中心の夫婦同財制」〉
③	相続人がすべて死亡して、次の世代の相続になると兄弟均分に変わる
④	削除されている＝未婚の女子の結婚資金さえ与えられない、経済面での「男尊女卑」
⑤	相続人の妻に男子がなければその夫の死亡後、その分が与えられる〈注では、もし夫の兄弟が全員死亡したならば、兄弟を継ぐ一子の分と同じとする、子の有無は問わない、ただし再婚は認めない＝妻に永続的な財産所有が認められていない≒「夫中心の夫婦同財制」〉
※	生前譲与や遺言が認められていたか？

次は、養老戸令応分条について。

C　養老令

〔原文を訓み下したもの〕

①凡《およ》そ分す応《べ》く者《は》、家人《けにん》、奴婢《ぬひ》、田宅、資財、摠計《そうけい》して法を作れ。嫡母《ちゃくぼ》、継母《けいぼ》、及び嫡子に各二分、庶子に一分。②妻家《さいけ》の所得は、分する限りに在《あ》らず。③兄弟亡《し》な者《ば》、子、父の分を承《う》けよ。兄弟倶《とも》に亡《し》なば、則《すなは》ち諸子均分せよ。④其《そ》の姑《こ》姉妹、室《しつ》に在《あ》ら者《ば》、各《おのおの》男子の半《なか》ばを減《げん》ぜよ。⑤寡妻妾《かさいしょう》、男無《な》く者《ば》、夫の分を承《う》けよ。※若《も》し同財共居せんと欲《ほっ》せむ、及び亡人の存日《ぞんじつ》に処分して、證拠《しょうこ》灼然《じゃくねん》たら者《ば》、此《こ》の令を用《もち》ひざれ。

〔現代語訳〕

①一般的に（遺産を）分割する場合は、動産や不動産などをすべて合計してルールを

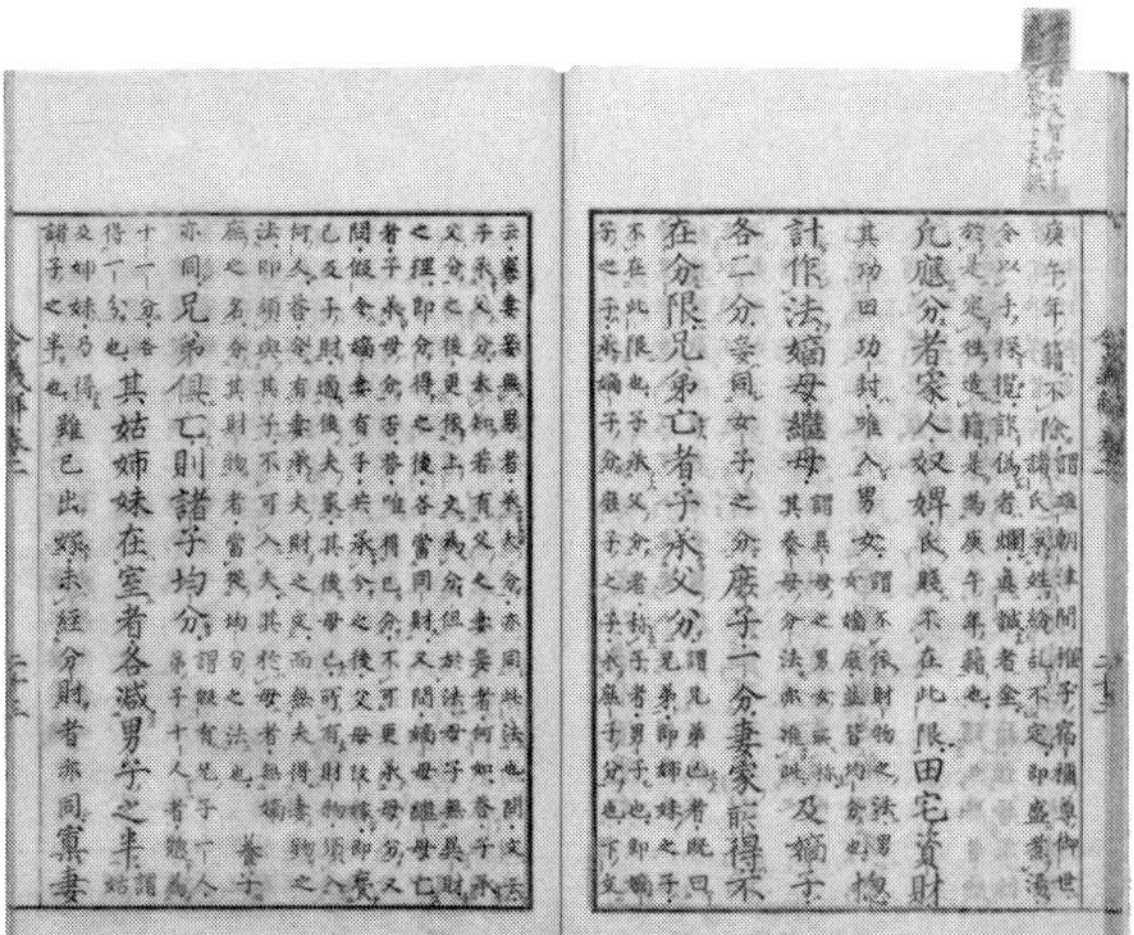

塙本（赤本）『令義解　巻２』より「戸令23応分条」の一部（独立行政法人国立公文書館所蔵）

作れ。正妻、後妻、および「嫡子」に、それぞれ（「庶子」の）二倍を、「庶子」に（正妻などの）半額となるように。②（被相続人の）妻が所有する財産は、分割の対象とはならない。③（相続人である）兄弟が死亡すれば、その子が父の分を受け継げ。（相続人である）兄弟全員が死亡したならば、（各々の）子たちが均等に分割せよ。④（相続人である兄弟の）（父方の）オバや姉妹が未婚ならば、各々男子の半分を減らせ（半額を与えよ）。⑤（相続人である兄弟の）未亡人に男子がなければ、（未亡人が）夫（相続人である兄弟）の取り分を受け継げ。※もし「同財共居」―財産の共有―を望んだり、被相続人が生前に（財産を）処分して証拠が明白ならば、この令（本条の規定）を用いてはならない。

以下に注もふくめてその特徴をまとめよう（なお、二重傍線部は男女平等的な内容）。

①遺産を分割するに際して、不動産や動産を総合計して〈注では、氏が所有する奴隷は除外する、また特別な功労により与えられた田などは男女子に与える、とする〉ルールを作り、母たち（つまり被相続人の妻）や「嫡子」にその他の二倍を与え、その他の「庶子」にはそれらの二分の一が与えられる。〈注では、妾は女子の分と同じ、とする〉＝配偶者（妻）の相続権を認める

②被相続人の妻が所有する財産は分割の対象とはならない。（唐令や大宝令にあった注が削除

されている〉＝夫婦別財制に近い

③相続人である兄弟たちが亡くなっているならば、子供がその権利を引き継ぐ〈注では、養子も同じ、とする〉。兄弟全員が死亡しているならば、その子供たちが均等に分割する。

④未婚の父方のオバや姉妹があれば男子の半分の遺産を与える。〈注では、すでに嫁として家を出ていても遺産相続にあずかっていなければ同じ、とする〉＝女子の相続権を認める

⑤未亡人となった相続人の妻に男子がなければ亡夫の分が与えられる。〈注では、女子の相続分は④と同じ。もし夫の兄弟全員が死亡していれば、その妻には子供たちの分と同じものが与えられる。男子があろうがなかろうが同様である。ここでいう未亡人とは夫の家に留まって再婚していない者をいう、とする〉

※もし同居共財を希望したり、被相続人が生前譲与してその証拠が明白ならば、この規定は用いない。

大宝令からわずか一七年後に制定された（施行は遅れた）条文だが、以上のようにかなりの変更点がある。なかでも、①のように被相続人の妻たち（現在の民法では「配偶者」）に相続が認められていることである。また④では未婚・既婚を問わずに「父方のオバ」や「姉妹」（つまり

「兄弟」に相並ぶ女性の相続人）にも男性の半額ではあるが、相続を認めている（唐令の結婚資金などいうケチなものではない）。さらに②の注が削除されることによって、妻の財産所有が永続的に認められていると推定でき、そこに「夫婦別財制」に近いものを読み取ることができるのだ（ただし、⑤の注が存在しているので、断定はできないが）。そして本条が遺産相続に関してのものであることが※で明記されている。

女性の相続権が未婚・既婚を問わず、はっきりと確認でき、妻の財産所有も認められる「夫婦別財制」に近いもので、驚くべき画期的な変更である。ほとんど現在の民法の規定（第三章で紹介）に類似しているといえるだろう。

しかも、当時の社会実態として女子の財産（奴隷や不動産など）所有が、様々な文書（八世紀代の戸籍などだけではなく、九世紀以降にも「処分状」「譲状」などとして確認でき、養老令の※部分に対応するものと考えられる）から確認できる。

まず、「正倉院文書」から、財産としての奴隷の所有のあり方をみてみよう。大宝二年（七〇二）の御野《みの》国戸籍、筑前《ちくぜん》国戸籍、神亀三年（七二六）・天平五年（七三三）の山背《やましろ》国計帳（人口動態を把握するために毎年作成された基本台帳）などから、女性の奴婢《ぬひ》――「奴」とは男奴隷をいい、「婢」とは女奴隷をいう――所有をまとめると表4のようになる。

これらの女性の大半は既婚者だが、天平五年（七三三）のものと推定される山背《やましろ》国愛宕《おたぎ》郡計帳にみえる、わずか七歳の「葛野大連玉売」が婢一人を所有していることが大いに注目される。もっとも、女子の年齢記載にまで改竄が行われているとの指摘がすでにあるので、七歳という年齢にこだわるのは危険かもしれない。だが、彼女が未婚であったという点はほぼ間違いのないところだろう。

いずれにしても、これらの事例をもとに当時の社会実態として、女性が既婚・未婚を問わずに財産（奴隷）を所有していたことはほぼ間違いないと考えてよいだろう。

表4 「正倉院文書」にみえる女性の財産所有

本貫地	人名	年齢	続柄	所有する奴隷（奴・婢）
御野国味蜂間郡春部里	国造族富売	43	戸主妻	奴2・婢1
御野国肩県郡肩々里	国造尼売	39	戸主妻	奴8・婢26
御野国加毛郡半布里	県造奈爾毛売	51	戸主母	奴8・婢5
同	県造都牟自売	22	戸主妻	婢1
筑前国嶋郡川辺里	不詳	不詳	戸主母	奴2・婢6
山背国愛宕郡出雲郷	出雲臣意斐売	76	戸主母	奴1・婢2

同	出雲臣姉売	76	戸主弟母	奴1
同	出雲臣針売	51	戸主姉	奴3・婢2
同	出雲臣都恵都岐売	29	戸主妹	婢1
同	日下部酒人連小足売	76	寄口か？	奴1・婢3
同	品遅部君虫名売	61	戸主母	奴1
同	出雲臣大家売	35	戸主弟妻	奴4・婢7
山背国愛宕郡	秦人広幡虫名売	50	戸主姉	奴1・婢1
同	葛野大連玉売	7	戸主女	婢1

次に、『平安遺文』についてみてみよう。これについてもすでに先学により、二三〇通余りの財産相続に関する文書である「処分状」・「譲状」やその他「売券」（土地所有者の移転を記したもの）なども含めて統計的な分析が行われているので、それに即しながら説明することとしたい。

表5は、九〜一二世紀における財産処分のあり方の変化を、譲られる財産の性格の相違により分類して統計をとったものである。

この表を一見すればわかるように、当時の公的職務などが付随した「所職・所領」などは圧倒的に男性が処分し男性が受け継いでいる。だが、家地・田畑などの「私地」は女性自身が処分主体者であったり（全体の三分の一弱となる）、女性が相続したりしている（男性とほぼ同じ割合）様子が確認できる。

表5　『平安遺文』にみえる財産処分などの男女比率（服藤早苗『家成立史の研究』より一部を改変し作成）

	九、一〇世紀	一一世紀	一二世紀前後	計
私地の処分者				
男	17	20	101	138
女	4	10	42	56
女の比率	19%	33%	29%	29%
私地の被処分者				
男	14	19	74	107
女	12	15	70	97
女の比率	46%	44%	49%	48%

所職・所領の処分者				
男	1	19	65	85
女	0	0	2	2
女の比率	0%	0%	3%	2%
所職・所領の被処分者				
男	1	19	64	84
女	0	1	5	6
女の比率	0%	5%	7%	7%

このように、九世紀以降、女性は公的な地位から排除されはじめ、その後、家父長制が一一世紀ころに成立したと考えられているが、私的な側面においては依然としてその財産所有は広く認められていたと考えて大きな間違いはないだろう。

したがって、女子の相続（財産所有）に関しては、大宝令ではなく養老令の規定が実態に即していると評価できることとなる。のちに簡単に紹介するが、当時の西洋社会でも考えられないルールである。だから、この特徴は是非とも特筆大書しておきたい。

各項目ごとに、その特徴をまとめたのが次の表6である。

表6　養老令の遺産相続

①	遺産は嫡庶異分とするが、嫡子と庶子との差は大きくない。妻たち（妾）にも相続が認められる 〔被相続人の妻妾（配偶者）の相続権の明記〕
②	被相続人の妻の所有財産は相続の対象ではない 〔妻が死亡するとその子が相続する＝「夫婦別財制」に近い〕
③	相続人が死亡すると次の世代の相続では兄弟均分に変わる
④	相続人のオバや姉妹は未婚ならば男子の半分を相続できる〈注では、既婚でも分与されていなければその権利は留保される〉 〔未婚・既婚を問わない女子の相続権の明記〕
⑤	相続人の妻に男子がなければ夫の死亡後、その分が与えられる〈注では、もし夫の兄弟が全員死亡したならば、兄弟を継ぐ一子の分と同じとする、男子の有無は問わない〉
※	生前譲与や遺言が認められていた

以上のように、唐令、大宝令、養老令の各戸令応分条を詳しく比較検討してきたが、ここに

三者の特質を表としてまとめて掲げておく。

表7　古代の中国と日本の財産所有

	家族理念	規定の内容	分割基準	女子の相続権	夫婦財産制
唐令	同居共財	家産分割	兄弟均分	・女子への分財不可（結婚資金のみ分与） ・配偶者の相続は不可	夫中心の夫婦同財制に近い
大宝令	？	遺産相続	嫡庶異分（嫡系主義）	女子への相続不可	夫中心の夫婦同財制に近い
養老令	？	遺産相続	嫡庶異分（嫡系主義）	・女子への相続可（男子の半分） ・配偶者の相続も可	夫婦別財制に近い

このように、古代日本の家族メンバー間の財産所有は大宝令と養老令の規定が大幅に異なっていた。

大宝令での遺産相続の場においては、おそらく後継者を重んじる固有の相続システムに即し、そのうえに律令官人が広い意味での税の負担者を確定したり、自らの「家」の創出及び安定した継続を企てたりするという政治的要請（嫡系主義の導入）も加わり、「嫡子」が優遇されたのだろう。また、先進国である唐のルールを積極的に受け入れるべきだという考えも当然、働いたのだろう。それゆえに、唐令の父（男）系的規定も積極的に受け入れ、女子の相続権をほとんど認めなかったと考えられる。

これに対して、養老令では「嫡子」の原則的な優遇は継続するが、唐令の影響もこうむることになり、各種の財産を一括して分割する規定に変更された。一方、被相続人の妻や女子の相続権は固有の相続システムに即して認められ、夫婦別財制も推定でき、さらに生前譲与や遺言なども認められることとなった。先に指摘したような社会の実態に即応するように改変されたわけだ。大宝令のルールでは様々な支障も生じていたのだろう。

ここから、唐制の影響を排除し、当時の社会実態をふまえて古代日本の相続スタイルを推論してみよう。すると、被相続人の妻や「後継者（嫡子）」中心に遺産が与えられ、それ以外の子女にも一定の割合で分与され、また夫婦の財産所有は夫婦別財制に近いものであったと考えられる。さらに被相続人の生前処分が認められることもあったと推定できるだろう。

つまり、被相続人の妻や女子にも一定の財産が与えられ、兄弟姉妹の男女間では近代以前の中国のような格差はあまり大きくはなかっただろう。また、女子が既婚であるか未婚であるかということも、大きな格差をもたらす要因とはならなかった。要するに、近代以前の中国の男尊女卑的なルールとは大きく相違していたと判断してよいだろう。

本節の終わりに、社会的な地位（具体的には官僚の地位やそれに付随して国家から給付される俸給など）の相続についても紹介しておきたい。というのも、中・近世の武家の家督相続、さらには明治民法の規定にも関連する点があると考えられるので。

その対象は継嗣令《けいし》継嗣条という条文で、次のようなものである。

D　養老継嗣令継嗣条

〔原文を訓み下したもの〕

①凡そ三位以上の嗣《つぎ》を継がむ者は、皆嫡《ちやく》相《あ》ひ承《う》けよ。若《も》し嫡子無からむ、及び罪疾《ざいしち》有らば、嫡孫《ちやくそん》を立てよ。嫡孫無くば、次を以て嫡子の同母弟を立てよ。母弟無くば、庶子《しよし》を立てよ。庶子無くば、嫡孫の同母弟を立てよ。母弟無くば、庶孫《しよそん》を立てよ。②四位以下は、唯《ただ》し嫡子を立つ。（謂《い》はく、庶人《しよにん》以上をいふ。其れ八位以上の嫡子、未だ叙せずして身亡《まう》し、及び罪疾有らば、更に立て替ふること聴《ゆる》せ。）其れ氏宗《ししう》は、勅聴《ちよくき》け。

〔現代語訳〕

①一般的に三位以上の後継者は、みな嫡子を立てるべきだ。もし嫡子がなく、あるいは罪を得たり病身であるならば、嫡孫を立てるべきだ。嫡孫がないならば、次に嫡子の同母の弟を立てるべきだ。同母の弟がないならば、庶子を立てるべきだ。庶子がないならば、嫡孫の同母の弟を立てるべきだ。〔嫡孫の〕同母の弟がないならば、庶孫を立てるべきだ。②四位以下はただ嫡子を立てるべきだ（この項は位を持っていない庶民以上を対象とする。八位以上の嫡子が位を授けられないまま死亡したり、罪を得たり病身であるならば、〈嫡子〉を立て替えることを許す）。「氏宗」（氏のリーダー）については（別途）天皇の命令によれ。

この規定は、唐令の爵位（貴族のランクづけ）の継承法の規定を改変して作成されたが、唐令の条文は煩雑になるのでここでは紹介しない（養老令の第一項の規定とほぼ同文）。そもそも爵位というのは唐代になると単なる栄典に過ぎず、実質的にはせいぜい各家の祖先祭祀権の継承に関連する程度のもので、さきに紹介した応分条のように財産の分与などに関わる実際的なものではなかった。そこでは、徹頭徹尾、嫡系（正式な妻との間に誕生した長男の血統）が継承するルールとなっていた（応分条の兄弟均分主義とはまったく違う理念である）。

それを日本令は参照したが、大宝令は唐令をほぼそのまま受け入れていたと推定できる。だが、その内容は唐令とは異なっていると考えてよい。つまり、日本令ではともに実質的な意味合いがはっきりと指摘できるのである。すなわち、大宝令、養老令ともにその内容は官僚としての地位の継承、それに付随する様々な特典を伴うものと考えられる。とくに、『令集解』などの諸注釈の議論では子や孫が親などの地位の継承（「蔭位《おんい》」という）についてのものが中心となっている。

ところが、唐令をほぼそのまま受け入れただけの大宝令に対して、養老令は右のように二項目に分けてルールづけているのである。やはり当時の日本社会の実態に合わせての改変だったと理解してよいだろう。つまり、第一項は、唐（大宝）令のルールを受け継いで嫡系での継承を規定している。これはおそらく当時の天皇の継承ルールであった嫡系継承（天武・持統―草壁皇子―文武天皇―聖武天皇のライン）に準ずるものとして、天皇の藩屏たる三位以上の上級貴族（後には公卿と呼ばれた）の地位の継承ルールが明記されたものと推考できる。

一方の第二項は、中下級貴族から庶民に至るまでのルールとして子の世代のみは嫡子が継承するとし、それ以外は嫡孫などよりも養子（兄弟の子が正当な養子と考えられたが、諸注釈によると当時、弟が広く養子とされていた実情がすでにあったようだ）が優先的に継承者となったと推定できる。その根拠は、大宝令施行直後に行われた太政官処分に、五位以上の官僚の蔭位についてではあるが、嫡孫ではなく兄弟の子である養子に位を授けるとあったり、選叙令《せんじょ》（主に官僚の選任基準などに関する規定などをまとめた令）の一条にもほぼ同様に解釈できる規定が確認できることである。

さきの戸令応分条の規定と古代日本の社会実態との関係を踏まえれば、おそらく継嗣令の規定も養老令の方が当時の社会実態を反映したものと推考できるだろう。すると、古代日本の地位などの相続は嫡系（親─嫡子─嫡孫、という世代深度の深いライン）ではなく、傍系（たとえば親─嫡子〈嫡子がなければ弟〉、という世代深度の浅いライン）で継承されるケースが実情に近いものだったのではないかと考えられるだろう。

とすれば、第二章で紹介する中世の武家の家督相続のあり方ときわめて類似する面があったといえることとなる。やや飛躍するが、家族・親族に関わるルールの一つとしての地位などの相続は、時代による変化がそれほど大きくないと理解できるのではなかろうか。

2　婚姻・離婚

ア　婚姻

ここでは、日本古代の婚姻と離婚とを、やはり唐令との比較を通して説明する。その実情から男女関係を間接的にうかがい知ろうとするのである。ところが、先の相続ほど明快に解明することが難しい。というのは、婚姻規定の最も重要な条項である戸令嫁女《かじょ》条は比較する唐令そのものがほぼ残っておらず、また大宝令も復元できないからである。また、唐令そのままを受け入れたと推定できる規定が養老令に数多く見える。

他方、離婚ではその第一のルールである戸令七出《しちしゅつ》条などのように唐令も復元できるのだが、養老令はそれをほとんどそのまま引き写していて、その特質を明らかにすることが非常に困難である。その他の離婚に関する規定でも、養老令は唐令をほぼそのまま引き写しており、その特質を明瞭に説明できない。いずれにせよ、婚姻・離婚関連の条項は、養老令に八条あるが、そのうちの六条は唐令をほぼそのまま受け入れたと推定できるものである。

しかし、いつまで弁解していても始まらないので、まず一定程度、唐令と比較・分析できる戸令嫁女条を取り上げて説明していくこととする。

前述のように唐令が残っていないので、唐律の規定などを参考にして独自に復元したものを掲げ、次に養老令（大宝令も復元されていない）を掲げる。

E　唐、戸令嫁女条復元私案

〔原文を訓み下したもの〕
①諸《すべ》て女を嫁するに、皆先づ祖父母父母に由《よ》りて主婚とせよ。②祖父母父母倶《とも》に無き者は、伯叔父姑兄弟に由りて主婚とせよ。③伯叔父姑兄弟倶に無き者は、余親に従《よ》りて主婚とせよ。④若《も》し夫亡《な》く女を携《たづさ》へて人に適《とつ》げ《ば》者、その女、母に従りて主婚とせよ。

〔現代語訳〕

①一般的に女を嫁とする（女を婚姻させる）場合、皆まず祖父母父母を（責任者としての）主婚とせよ。②祖父母父母がなければ、伯叔父姑兄弟を（責任者としての）主婚とせよ。③伯叔父姑兄弟がすべてなければ、その他の（父方の）親族を（責任者としての）主婚とせよ。④もし夫をなくした未亡人が女を連れて再婚した場合、その女は母を責任者としての主婚とせよ。

F　養老戸令嫁女条

〔原文を訓み下したもの〕

①凡そ女に嫁《をふとあは》せむことは、皆先づ祖父母、父母、伯叔父姑、兄弟、外祖父母に由《ふ》れよ。②次に舅《きゆうじゆう》従《ぼ》母、従父兄弟に及ぼせ。③若《も》し舅従母、従父兄弟、同居共財せず、及び此の親無くば、並びに女の欲《ほっ》せむ所に任《まか》せて、婚主とせよ。

〔現代語訳〕

①一般的に女に夫を取る場合、皆まず祖父母、父母、伯叔父姑、兄弟、外祖父母に知らせ

よ。②次に舅従母《きゅうじゅうぼ》（＝母方のオジ、オバ）、従父兄弟（＝父の兄弟の子）に（連絡を）及ぼせ。③もし舅従母、従父兄弟が同居共財せず、およびこれらの親族がない場合は、おしなべて女が希望するところに任せて、婚主とせよ。

両者を比較して、まず目に付くのは主婚（婚主）の記述のあり方だ（養老律の逸文では「婚主」ではなく「主婚」という語句が確認できる。それゆえ、「婚主」＝「主婚」と考えてよい）。それともう一点、①の「由」という文字の読み方で、これが非常に重要である。

唐令の復元私案では「主婚」が繰り返し記され、本条が三段階に分けて「主婚」の主規定と例外規定とからなっているのが明快だ。復元の主な根拠とした唐律の、対応する条文ではそのようになっている。これに対して、養老令では「婚主」が最末尾に記されるのみで、本条が何を規定した条文であるのかはなはだ判りにくく、注釈においても見解が分かれている。しかしながら、母法である唐令が右のように復元できるならば、本条はやはり「主婚」の規定が主眼であったと考えてよいだろう。

そもそも、近代以前の中国の婚姻では「主婚」が婚姻に関する全責任を負うシステムだった。つまり、「主婚」とは婚姻する男女の父および祖父で、婚姻契約の当事者であり、男女両家に各々定められた。「主婚」は自らの息子（孫息子）や娘（孫娘）のために、「媒人」（婚姻を仲介する者、現代日本の「仲人」に近い）を介して適切な婚姻相手を見つけ、六種類の婚姻儀礼（現代の皇室の婚姻儀式の「納采《のうさい》の儀」などは、そのうちの一つだ）を執り行い、婚約から成婚にいたる全責任を負う。これに対して、婚姻する男女本人はただ単に契約の客体に過ぎなかった。言い換えれば、近代以前の中国では「主婚」は婚姻において必須の当事者で、男女の父もしくは祖父が当たり、婚姻する男女はその意思にただ従うものであったようである。

要するに、近代以前の中国の婚姻は儒教道徳にのっとり、紀元前の支配層から始まった、「主婚」（婚姻する男女の父および祖父）が主催する、儀式を伴う男性中心の嫁取り婚（＝夫方同居婚）であったといえるのである。その際に、「婚書」という婚姻契約書が作成され、官僚たちには婚姻のために公式に休暇も与えられた。「冠・婚・葬・祭」といわれる重要な人生儀礼の一つであったわけだ。その上、「同姓不婚《どうせいふこん》」という同族婚を厳しく禁じるルールもあり、それに反すると処罰された（唐律に規定されている）。この同族婚を禁じるルールは、社会人類学では父（男）系あるいは母（女）系原理の一つの指標とされている。

このような考え方から、唐令では「由」（①②、③④の「従」も）という文字に「ヨル」という訓（責任を負う、因果関係を表す、などという意味）を与えるのだ。つまり、「主婚」が責任を担うという意味が明示されるわけである。

ところが一方、養老令では、①②には「婚主（主婚）」の語句はみえず、③の末尾にようやく記されるのみだ。①②では「婚主（主婚）」がまるで関係がないかのように、削除されている。やはり違和感が生じて当然というより、むしろ意図的に記さなかったのではないか、と推理できるところである。この処置は、「由」の読み方にも関連しているだろう。つまり、古い訓では、責任の所在を表す「ヨル」という読み方ではなく、単に「フレル」（告げる、などの意味）となっている（この訓は、あとに紹介する離婚に関する規定でも確認できる）。それに関連して②にも「及ぼせ」という動詞が用いられているのである。すなわち全体として、「婚主（主婚）」についての規定であることが不明確なこと、①で「由」を「フレル」と読むこと、および②で「及」を用いたことなどは、大変重要な変更である。

以上のことを踏まえると、養老令において「婚主（主婚）」には唐令のように重い役割は与えられない。むしろ、男女当人が主体となって婚姻が執り行われたことが推定できるだろう。つまり、古代日本の婚姻は本条を有力な論拠とする限り、父（祖父）の意向はそれほど重んじられるのでなく、男女当人の意思（＝恋愛感情）により進行したのではないか、と推論できるのである。だから、男女の恋愛感情が冷めると、離婚ということも容易に生じたかもしれない。これは非常に注目すべき特徴である。

また、婚姻儀礼は『日本書紀』などでその一部が確認できる（大王族に関するものが大半）が、かなり中国を意識した書物なので、現実に執り行われたのか否かについて判断が難しい。むしろ、養老令では婚姻に関わる休暇が官僚に与えられていないこと（唐令を変更している）から、その実施はきわめて疑わしい。「婚書」という婚姻契約書の作成も確認できない。他方、養老令の注釈によると、別居したままの婚姻（つまり通い婚）が認められていた痕跡もある。

ここからもう一歩推理すると、古代日本の婚姻は、男女当人（の恋愛感情）が主体となり、親などにその事実を告げて承認を得るが、明確な婚姻の儀礼は確認しがたく、通い婚のようなスタイルもあったのではないだろうか。つまり、嫁取り婚であった中国の婚姻とは対照的で、そのスタイル・内容に曖昧さが伴い、現代の恋愛結婚にかなり近いものをイメージできるだろう。もちろん、「同姓不婚」という同族婚を厳しく禁じるルールも確認できない。むしろ、大王（天皇）家や藤原氏などのトップレベルの支配層では極端な近親婚がくり返されていた。

以上のように、古代日本の婚姻は男女当人の意思（＝恋愛感情）により行われ、そのスタイルも曖昧なものと考えてよいだろう。だから、男女の間に格差が認められるか否か、については判断が難しい。また、恋愛という感情が主体になるわけだから離婚も多く起こりえただろう。しかも、記紀の物語的記述や万葉集の相聞歌（恋愛を主題とした歌）などでは、女性がかなり積極的に恋愛に関わったようだ。いずれにせよ、こうした場において男女差別はあまり明確には把握できないだろう。

おわりに、古代日本の婚姻と中世以降に取り上げる、夫方同居婚である嫁取り（嫁入り）婚との関連について簡単にふれておく。そもそも、古代の婚姻スタイルについては、高群逸枝をはじめとして多くの研究が積み重ねられてきたが、現状では通説といえるものはないといってよいだろう。議論百出の状況だ。高群のいう「招婿婚」（いわゆる婿取り婚で妻方同居婚）を筆頭として、それに対立する「嫁取り（嫁入り）婚」、「妻問い婚」（通い婚）や「対偶婚」（複数の異性との婚姻関係もあり得た不安定な婚姻）にいたるまで、様々なアイデアを論者それぞれが示している。

しかし、次節で紹介する双方（系）制という親族組織のあり方からすると、様々なスタイルがあるのはむしろきわめて当然といえるだろう。つまり、これらのスタイルが生じるのは、婚姻後に男女が夫（婿）側に居住する（夫方同居）のか、妻（嫁）側に居住する（妻方同居）のかによるものだが、双方（系）制という親族組織ではそのルールが非常に曖昧となる。男（夫）側の勢力が強ければ夫方同居婚（＝嫁取り〈嫁入り〉婚）と、女（妻）側の勢力が強ければ妻方同居婚（＝婿取り婚）と、それぞれ呼ばれることになる。

したがって、古代日本社会では、中国からの影響を早くから受けたトップレベルの支配層は嫁取り婚、そうではない階層は様々な婚姻スタイルがあった、と理解するのが合理的ではないだろうか。ただし、最上位の支配者である天皇（大王）の婚姻スタイルでさえ、正妻としての皇后が王宮に同居する（つまり夫方に同居する）ようになるのは八世紀後半になってからである。

結局、古代日本では全社会的には嫁取り婚はいまだ広まっていなかった、と考えられるのである。中世以降の状況とは、やはり異なっていたと判断した方がよいだろう。こうした多様な婚姻スタイルは案外、現代の日本社会に近いといえるのかもしれない。たとえば、漫画『サザエさん』に登場するマスオさんが、妻のサザエさんの実家・磯野家に同居する例などのように。つまり、マスオさんとサザエさんの婚姻は、嫁取り婚ではなく「招婿婚」（婿取り婚）といえるものだ。こうした婚姻スタイルも、現代社会では認められているわけで、古代日本の婚姻とある意味では類似しているのではないだろうか。

ここに両者の相違を表にしたものを掲げる。

表8　近代以前の中国と古代日本の婚姻形態

唐（近代以前の中国）	古代日本
・主婚（男女の父、祖父）が主体 ・婚姻儀礼あり ・婚書の作成あり ・「同姓不婚」（同族婚の禁止）のルールあり	・男女当人が主体 ・婚姻儀礼が行われたか不明 ・婚書の作成なし ・「同姓不婚」のルールなし≒近親婚の許容
・嫁取り婚（＝夫方同居婚）	・嫁取り婚、婿取り婚、妻問い婚など多様で曖昧
現代のお見合い結婚に近いか	現代の恋愛結婚に近いか

【説話の世界1】

ここで法律の世界とはかなり異質な物語（説話）の世界を一つ紹介する。

それは、九世紀初めに成立したと推定されている仏教説話集の『日本霊異記』（中巻、第一二話）の一話だ。

つまり「蟹《かに》、蛙《かえる》の命を購《あがな》いて放生し、現報を得て、蟹に助けらるる縁」というタイトルの、いわゆる異類婚姻譚と称する説話に近いもので、蛇が人間の女性と結ばれようと望む話である。そのあらすじを紹介すると、次の通り。

〔あらすじ〕

山城の国のある信心深い女性が、山里で子どもたちが蟹をつかまえ焼いて食べようとしているところに行き交い、自らの衣類に替えて蟹を放免してやった。その後、蛙を飲み込もうとしている蛇に出会い、その蛇に対して「この蛙を私に免じて許してやってほしい」と何度か頼むが、蛇は一向に聞き入れようとしないので、最後に「私があなたの妻となるので蛙を許してほしい」そして「七日後に私の家へ来てほしい」と頼み込み、蛇が了承する。七日後に蛇が約束通りに女性の家を訪れた夜、女性は建物のなかにこもり仏法僧の三宝を信仰して過ごしていると、以前、その女性が放免してやった蟹たちが蛇をズタズタに切り裂いてくれ、女性は難を避けることができた。

という話で、その女性の信心深さが強調されるものである。

この説話で注目したいのは、蛙を蛇から救おうとした女性が、自らが蛙の身代わりとなり、蛇との婚姻を申し出ている点である。つまり、女性が「私があなたの妻となるので蛙を許してほしい」と発言し、自らの意志で己の婚姻を判断しているといえるのだ。これは、古代日本の婚姻は男女当人が当事者であったとする、日本律令の基本とほぼ一致していると考えてよいだろう。もちろん両者の間には約百年ほどの時間差があるが、法律と仏教界に広まっていた説話という特性の違いを考慮すると、それほど大きなものとはみなせないだろう。そのうえ法律は意識世界、一方、この説話のなかでは、女性からの婚姻の申し出は主題から遠いもので、いわば意識下に属するものといえるだろう。だから両者は、ほぼ同時代の日本社会の状況をかなり包括的に物語っていると考えてよいだろう。第二章で紹介する【説話の世界2、3】と比較してほしい。

イ　離婚

離婚の説明へと移るが、先に述べたような難しさがある。したがって、ここでは唐と古代日本のそれぞれの特徴を明瞭に表していると考えられる二つの条項のみを取り上げる。

まず、近代以前の中国の男尊女卑的思考を典型的に表している唐、戸令七出《しちしゅつ》条の復元案を紹介する。

G　唐、戸令七出条復元案

〔原文を訓み下したもの〕

①諸《すべ》て妻を棄《す》つるに七出の状有るべし。②一には子無き、二には淫泆《いんいつ》、三には舅姑《きゅうこ》に事《つか》へず、四には口舌《くぜつ》、五には盗窃《とうせつ》、六には妬忌《とき》、七には悪疾《あくしつ》。③皆、夫手書《てふみ》して之を棄てよ。④男及び父母伯姨舅《はくいきゅう》、並びに女の父母及び伯姨舅、東隣西隣、及び見人《げんにん》皆署せよ。⑤若《も》し書を解《し》らずば、指を画《か》ひて記と為《せ》よ。⑥棄つるの状有りと雖《いえど》も、三の去《す》てざること有り、一には舅姑の喪を持《たす》くることを経《へ》たる、二には娶《めと》る時に賤しして後に貴《とうと》き、三には受けし所有りて帰る所無し。⑦即《も》し義絶《ぎぜつ》、淫泆、悪疾を犯せば、此の令に拘《かか》はらざれ。

〔現代語訳〕

①一般的に妻を離婚する場合には、七つの要因があるべきだ。②一つは子が産まれないこと、二つは男女関係がみだらなこと、三つは夫の両親に仕えないこと、四つはおしゃべり

なこと、五つは盗みぐせがあること、六つは嫉妬深いこと、七つは悪い病気（を持っていること、などである）。③（こうした場合は）皆、夫は離婚状を作成して離婚せよ。④（その離婚状には）夫および父母、父方のオジ、母方のオバ、オジ、ならびに妻の父母、およびその父方のオジ、母方のオバ、オジ、近隣の者、立会人などが皆、署名せよ。⑤もし文字がわからなければ指の一部を押して印とせよ。⑥（しかし）七つの要因があっても、三つの離婚できない要因がある、一つは夫の両親が死ぬまで仕えたこと、二つは結婚した時は貧しかったが、その後豊かになったこと（つまり内助の功があったこと）、三つは（妻の）実家がなくなっていること、である。⑦もし、「義絶」（夫側、妻側の親族との間に生じたトラブルによる夫妻の強制的な離婚＝唐令特有のものか）、男女関係がみだらなこと、悪い病気があるならば、このルール（直前の三つの例外）は適用されない。

養老令もほとんど同一の条文だが、その内容としては以下のように理解されている。つまり、

・本条は儒教道徳に則したもので、いわゆる夫の専権離婚（夫側から一方的に離婚を申し出るもの）を定めたものであり、七つの要因もすべて妻側によるもので、離婚において男尊女卑的な規定といえること

・この規定を裏付ける離婚状が敦煌などから発見されていること
・夫一人が離婚のすべてを決めるのではなく、婚姻と同様に双方の親族も関与していること
・近代以前の中国の社会では、現在の協議離婚も認められていたが、その申し出はやはり夫に限られていたらしいこと
・七つの要因のうち、二の「淫泆《いんいつ》」（男女関係がみだらなこと）と三の「舅姑《きゅうこ》に事《つか》へず」（夫の両親に仕えないこと）以外は問題視されなかったようであること

以上のようである。要するに、はなはだ男性中心的な内容といえるだろう。

ところで、第二の「淫泆《いんいつ》」については、次章で紹介する『御成敗式目』（鎌倉幕府の法令）や『公事方御定書《くじかたおさだめがき》』（江戸幕府の法令）にある妻の不貞行為に対する処罰ルールとの関連を想起できる。

そもそも唐律には、配偶者以外の異性と性的関係を持つ行為（「姦」などと称する）に対して罰則規定がある。それによると、まず重要なのは「姦」を犯した夫ないし妻はともに処罰されることだ（もっとも妻の処罰の方が一段重いのだが）。次に、処罰は財産の没収（『御成敗式目』のルール）や死刑（『公事方御定書』のルール）などという重いものではなく、それらより軽い処罰（「徒刑」つまり現在の懲役刑に近いもの）に止まっていたことである。しかも、日本の律ではこのルールを

そのままには受け入れなかったのではないかと推定されている。律の条文の断片は残っているのだが、婚姻・離婚そのものが曖昧ゆえに夫婦関係そのものが流動的で、両者の間の格差も顕著なものではなかったと考えられるからだ。したがって、「姦」に対する処罰が中世から近世にかけて重くなっていくことは、男尊女卑観念の定着・深化と大きく関係しているとみなせるだろう。

さて話をもどすと、唐令のこのような規定を養老令もほぼそのままの条文で規定している（その他の離婚に関する条文もほぼ同様）。さきの戸令応分条の大幅な改変に比べると、その対応の相違は異常といえるほどである。その理由は、次のように考えられる。つまり、先にも説明したように、古代日本の婚姻そのものが内容・形式において曖昧なものならば、離婚もほぼ同様に考えられるだろう、したがって、独自の法律を細々と制定しなくとも、実際生活には不都合はあまり生じなかったのではないか、と。要するに、当時の立法者にとり、遺産相続を規定する応分条ほど離婚に関するルールは重んじられなかったのだろう。それゆえ、唐のルールをほぼそのまま受け入れたと考えるのだ。

もっとも、独自のものに改変したと推定できる規定もある。それが、次に紹介する戸令先由《せんゆ》条だ。

H　養老戸令先由条

〔原文を訓み下したもの〕

①凡《およ》そ妻を棄《す》つるに、先ず祖父母、父母に由《ふ》れよ。②若《も》し祖父母、父母無くば、夫の自由することを得《う》。③皆その賷《もて》らむ所の見《げん》に在《あ》らむ財を還《かえ》せ。④若し将たる婢《ひきい》、子有らば、亦《ま》た還せ。

〔現代語訳〕

①一般的に妻を離婚する場合には、まず祖父母、父母に知らせよ。②もし祖父母、父母がないならば、夫が自由に行うことが可能である。③（ただし）妻が持参した現時点で存在する財産は（離婚する妻に）返還せよ。④もし（妻が）連れてきた女の奴隷に子どもがあるならば、これも（離婚する妻に）返還せよ。

この条文は、残念ながら比較できる唐令が復元されていないのだが、この規定に古代日本の離婚の特徴が少々うかがえるといってよいだろう。つまり、それは傍線を加えた二箇所で、「由」にさきに紹介した嫁女条と同じく「フレヨ」との古い訓があること、離婚の際に妻の持参した財産を返還すること、である。

第一に、婚姻と同様に、離婚でも父親などの近親者の関与はあまりなく、夫の判断が尊重されていたと考えられる（この条文からは、妻の意向がどの程度重んじられたのかは不明といわざるを得ない）。どうも古代日本の婚姻や離婚は、唐とは異なり当事者本人たちの判断がかなり重んじられたようである。

第二に、これが重要だが、やはり妻固有の財産所有（現代の法律用語では「妻の特有財産」＝夫婦の一方が婚姻前から持っていた財産および婚姻中に自らの名前で取得した財産で、その所有の固有性が顕著な財産）が広く認められていたと考えられるのだ。他方、唐代のほかの史料からは、妻の所有財産は夫の側に残さねばならないと推定できる場合があったようだ。この推定を踏まえると、離婚時でも古代日本の女性の財産所有がかなり強固に認められていたと推理して不都合はないだろう。

このように、離婚に関して多くは唐令の引き写しで、独自なものとしてわずか一条しか説明できないのだが、古代日本社会の特質の一端を紹介できたのではないだろうか。また、近代以前の中国に認められた離婚状などもまったく確認できない（近世になり庶民の「三行半《みくだりはん》」が離婚状として確認できる）。だから、婚姻と同様に離婚もかなり曖昧なものであったと考えてよいだろう。ただし、不十分な分析なので、表にまとめることは控える。

以上のように、相続、夫婦財産制、婚姻、離婚などを取り上げて、古代日本と唐（近代以前の中国）を比較して説明してきた。その結果、両社会における男女関係はかなり異なっていたと考えられるだろう。やはり唐のそれは、男尊女卑の本家本元の面目躍如というように理解できるのに対して、古代日本のそれは意外なことに、男女が対等とまでいわないにせよ、その格差は小さいものであったと考えてよいのではないだろうか。唐の圧倒的な影響下で作成された、養老令という法の内容において、このことが明確に指摘できたのだ。これは、きわめて注目に値することだといえるだろう。その根底には次節で紹介するように、おそらく両社会を構成する親族原理に大きな相違があったからだと推定できるのである。

また、本書では詳しく述べないが、こうした古代の女性が経済的活動などをさかんに行っていたことも種々の史料からすでに明らかになっている。

第三節　古代日本と近代以前の中国との親族組織の相違

では、古代日本社会と近代以前の中国社会の各々の親族組織原理を説明しよう。

まず明快な近代以前の中国社会から。相続、夫婦財産制、婚姻、離婚のすべてにわたり、男性中心のルールであり、「同姓不婚」という同族婚を厳しく禁じるルールも確認できることから、その根底には父（男）系に偏った原理、すなわち世界に広く見られる父（男）系制原理があったと考えられる。これは一九世紀から二〇世紀前半までの社会人類学の調査・研究により明らかにされたものだ。まずアフリカの諸民族から南アメリカなどに調査対象が広がり、さらに多くの地域（ヨーロッパなど）の諸民族も同じ特質を持つことが明瞭になった。この父（男）系制に近代以前の中国社会も含まれるのだ。また、インドの一部の民族では、これとは対照的に母（女）系が重んじられることも明らかにされた。

ところが、二〇世紀前半から西太平洋の島嶼部の諸民族や東南アジアの諸民族に調査対象が広がると、父（男）系あるいは母（女）系というラインが非常に不鮮明な民族の存在が明らかとなった。これをどのように理解するのか、侃々諤々の議論が交わされた結果、現状では父（男）系、母（女）系のいずれにも偏らないという意味で、双方（系）制という用語で表されるようになったのである。

日本社会もこの双方（系）制に含まれるのではないかと二〇世紀後半から研究が進められ、特に古代の日本社会はその特徴をかなり明瞭に持っていることが、近年にいたり広く認められるようになった。これまで説明してきた相続、夫婦財産制、婚姻・離婚などの様相、さらに近親婚（同族婚）の存在などは、まさに見事に対応しているといえるだろう（近年、ジェンダー・ギャップ指数がアジアで最も小さいことで注目されるフィリピンも、双方〈系〉制社会に含まれる）。このような社会的基盤があればこそ、古代日本の統治者として女王・女帝が何人も登場したのだろう。こうした現象は、世界各地の歴史をみてもきわめて珍しいことである。詳しいことは拙著『女帝の古代史』に述べたので、参照してほしい。

表9　近代以前の中国と古代日本の財産相続・夫婦財産制・婚姻・離婚、親族組織原理

	財産相続・夫婦財産制	婚姻・離婚	親族組織原理
近代以前の中国（唐）社会	・男性中心 ・配偶者（妻）の相続は不可 ・夫中心の夫婦同財制	・婚姻契約の主体は男女当人ではなく父親（祖父） ・婚姻形態は嫁取り婚 ・離婚の主体は夫及びその親族 ・「姦（通）」に対する処罰あり（夫と妻が各々処罰されたが、妻の方が重い）	父（男）系制
古代日本の社会	・女性の相続権あり ・配偶者（妻）の相続は可 ・夫婦別財制	・男女当人が婚姻の主体 ・婚姻形態は多様で曖昧 ・離婚そのものが曖昧 ・「姦（通）」に対する処罰は不明	双方（系）制

逆にいえば、親族組織原理が異なっていたゆえに、養老令は中国（唐）令を大幅に変更せざるを得なかったのだろう。これらの関係を表9を示しておく。

第四節　西洋社会（古代ローマ法とゲルマン法）のルール

1　財産相続と夫婦財産制

最後に、同時代といってもかなりの時間差はあるが、西洋社会の状況を紹介しておこう。ただし、門外漢なので不十分なものに終わることはご容赦願いたい。

ア　古代ローマ法

まず古代ローマ法から。そもそも中国を起源とする男尊女卑とほぼ類似する内容と考えてよい家父長制という概念は、このローマ法の規定から導かれたものだ。だから、家族法としてのルールは中国律令のそれとかなり重なる。先にも述べたように、西洋社会は中国と同じく父（男）系制社会で、男性中心だったから当然のことだろう。

そもそも家父長制の「家父」とは、家族メンバーの生殺与奪の権までも持つもので、家族をその長として強力に統率していたと考えられている。したがって、その相続はきわめて重要な事柄であった。相続は中国と異なり遺言によるものが中心で、それが行われなかった場合に法定相続によった。

また、家父に服する子である限り、相続において男女の差はなく、ほぼ同様に相続したようだ（この点は前近代中国の男尊女卑とは異なる）。もっとも不動産などは男子が中心に相続したらしい。そして妻の相続権は、長い共和制の間に変化し、当初認められていたその権利が消滅したようだ（婚姻の変化によると説明される）。そして中世以降になると、長男子による一子相続が主流になったようだ。

夫婦財産制については、おそらく夫中心の夫婦同財制であったと考えられている。妻の持参財産（婚資）も夫が管理・運用できたが、離婚時には返済する必要があった。

イ　ゲルマン法

ゲルマン法では、古代ローマ法とは異なり遺言による相続はあり得なかったようだ。それは、相続そのものが家共同体の財産継承という性格が強かったから、と説明される。むしろ個々の財産の種類により継承ルールが違っていたようだが、土地などの不動産はほぼ直系男子が分割して相続した。また配偶者相続権もほぼ認められていなかったようだ。ただし、中世以降になると、これはそれなりに認められるようになったらしい。

したがって、夫婦財産制もおそらく夫中心の夫婦同財制であっただろうと考えられている。夫が妻の財産（婚姻の際の持参財産など）を管理・運用し、さらには妻は自らの財産処分権も持たなかったようだ。ところが、ローマ法の影響を受けた一二、三世紀以降、都市部では遺言が普及するとともに、配偶者相続権がかなり明確に成立したようである。

2　婚姻・離婚

ア　古代ローマ法

古代ローマの婚姻は、当事者の男女の意思が前提とされていただけではなく、父または後見人の同意も必要とされた。婚姻スタイルも嫁取り婚であったと考えてよいようだ。

離婚については、かなり自由であったと考えられている。しかし、離婚法の由来は、姦通などの重大な違反を犯した妻を、夫が一方的に離別するという事例だと説かれている。その一方で、夫のそれは罪に問われなかったとも指摘されている。やはり父（男）系制社会の特徴を明瞭に示しているといえるだろう。

イ　ゲルマン法

三種類の婚姻形態があったようだが、正式なムント婚（花嫁を縛っていた家父長権を花婿側に売り渡す）では花婿が花嫁の父に婚資（日本の結納に近い）を支払って花嫁を迎えたようで、やはり嫁取り婚とみなせる。

離婚についても夫側からの一方的離婚が多く、妻側からのものはごくわずかであったらしい。もっとも、協議離婚というものもあり得たようだ。

以上のようにきわめて粗雑な紹介だが、古代西洋社会の財産相続、夫婦財産制、婚姻・離婚のいずれもが、近代以前の中国社会のそれに近いものであったと理解してよいだろう。

これらに比べると、わが日本の古代社会がいかに異質なものであったかが、鮮明に浮かび上がってくるはずである。十分に理解・承知してもらいたい。

第二章　中・近世の男女関係
――男尊女卑に向けて

第一節　古代から中世へ

1　桓武・嵯峨朝の唐風化政策

中・近世の男女関係に進む前に、律令法を一層、日本社会に定着させた九世紀初頭の政治動向を見ておこう。

八世紀末の専制君主であった称徳女帝の没後、その支持を得ていた僧・道鏡も左遷され、新たな王統の到来を告げる光仁天皇が即位した。彼は奈良時代の天皇の正統的血統であった天武天皇系ではなく、大王・天智の孫であったが、聖武天皇の皇女である井上内親王と婚姻しており、しかも二人の間に他戸親王があった。この他戸親王への中継ぎとして六二歳という高齢で即位したのである。しかし、その後継には予想を裏切る形で一部の貴族支配層（式家の藤原百川が中心にいたと推定される）の支持を得た桓武天皇（七八一～八〇六年の在位）が即位し、さまざまな障害を乗り越えて政治的改革を断行していく。つまり、即位直後の長岡京・平安京遷都であり、一定の期間を経たのちの律令制の刷新であり、東北地方への勢力拡大（対蝦夷戦争）であった。

しかし、父・光仁と同様に、桓武の出自も従来からの皇位継承観から考えると、傍流としかいえない劣ったものであった。つまり、父方は先に紹介したように天武天皇の血筋ではなく天智系であり、そのうえ母方は渡来系氏族である和《やまと》（高野）氏（和《やまと》〈高野〉新笠が母）であった。

それゆえ、これまで天皇権威を支えてきたもの（宮廷祭祀や奈良仏教など）に頼ることが難しく、新たな支えとして中国（唐）から借りてくるという方策を採った。具体的には即位後間もない長岡京時代に、唐の皇帝祭祀である「郊祀《こうし》」を執り行って父・光仁天皇を権威づけた。また治世の後半には、遣唐使を派遣して唐から新しい文物を広範かつ積極的に導入したのである。平安仏教の担い手であった最澄・空海も、この時期に遣唐使の一員として派遣された。最澄が開いた延暦寺には、唐服を着て唐風の椅子に座った桓武天皇の肖像画も残されているほどだ。一方、内政でも律令制の刷新を志し、東北地方への勢力拡大（対蝦夷戦争）を図った。

桓武を継いだ嵯峨天皇（八〇九～八二三年の在位、両者の間に平城天皇が即位しているが、その在位期間は三年という短期間であった）もその方向を一層、推し進めた。つまり、天皇の服装、宮廷儀礼や官人の服色、内裏や宮城全体の大内裏の建物や門の名称などが唐風に変更されたのである。

また、弘仁一一年（八二〇）に『弘仁格式』が撰進され、一〇年後の天長七（八三〇）年に施行された。格・式とは律令の副次法典で、もともと中国では律令と一体のものとして編纂されていた。ところが、古代日本では律令のみを先行して導入し、格・式の編纂には手が回らなかった。ここに、法典においても唐風化が一層、推し進められたといえるのである。

そして、この『弘仁式』の逸文に出産に伴う、女性に関するケガレが登場し、これ以降の『貞観式』（八七一年成立）や『延喜式』（九二七年成立）などに「宮女」（後宮に仕える女性）の懐妊や月経が宮廷祭祀の際のケガレとして明確に規定されていくのである。律令官制のなかでは、もともと女性は内廷（後宮）のみにしか出仕できなかった（しかし唐の制度とは違い、女性官人は自立した存在とみなされ、男性官人と同様に勤務評定により昇進が保証されていた）のだが、九、一〇世紀という時点において、よりあからさまに宮廷祭祀の場から遠ざけられていったのである。律令官人の世界における、より強力な男女差別といえるだろう。もちろんこうした禁忌は、男性中心の外廷（政治・行政の場）にも及んでいった。詳しい経緯については、すでに拙著『女性と穢れの歴史』に述べたので、参照して下されば幸いである。

要するに、八世紀末に称徳女帝が死去して以降、女王・女帝の出現が途絶え、九、一〇世紀に女性官人が宮廷祭祀から遠ざけられるという差別が始まったわけである。これは、政治や祭祀の場から（両者を一括して「マツリゴト」とも称する）女性が排除されていったということだろう。もっとも在地の祭祀は、宮座の具体的な分析を通して中世まで男女が共同で担っていたことが明らかにされている。また、経済面ではまだそれほどの差別は認められない。のちに述べるが、経済面での男女差別が顕著になるのは近世（江戸時代）に入ってからである。

以上のような経過をたどって、男女格差の小さかった古代日本社会が男性中心的社会へと支配層から徐々に転換していくのである。もちろん中国（唐）からの影響は明白だろう。

【説話の世界2】

ここで、一二世紀初めに成立したと推定されている『今昔物語集』の説話（巻第一六の第一六話「山城国の女人、観音の助けによりて蛇の難を遁れたる語」）を紹介しておこう。この説話には婚姻における親の関与がはっきりとうかがえる。第一章で紹介した『日本霊異記』の説話ときわめて近い内容のものでありながら、両者を比較するとその差異が鮮明に浮かび上がるのである。そのあらすじは以下の通り。

〔あらすじ〕

観音を深く信仰する山城国のある女性が、蟹を捕まえ食べようとしていた男に、魚を与えて蟹を放免させた。その後女性の父親である翁が、蛇が蛙を捕まえようとする場に出会い、蛇に対して「蛙を解放したらおまえを聟にしよう」と思わず語りかけ、蛇がそれを聞き入れた。翁はこのことを後悔しつつ帰宅し、妻と娘に打ち明け、娘から安心するよう言葉をかけられる。その夜、蛇の化身の男が家を訪れるが、三日後に再訪するように、という娘の助言に従って父が応対し、男は一旦引き取る。その間、娘は堅固な倉を作らせ、三日後の夜に再び男が来訪したとき娘はこの倉に引きこもった。それを見た男は怒りその姿を蛇に変え、この倉を取り巻いた。ところが、蛇は倉の中へ入れないまま、娘が放免した蟹たちに切り裂かれてしまった。その後、その場所に蟹満寺が建立された。

このようなあらすじで、【説話の世界1】で紹介した『日本霊異記』の説話にきわめて類似するものである。しかしながら、注意すると両者の相違点に気づくだろう。すなわち、蛇との婚姻を申し出るのが娘自身ではなく、その父親（翁）が「おまえ（蛇）を聟にしよう」と発言している点である。つまり、娘（子）の婚姻を父親が司るというように変化しているのだ。【説話の世界1】との大きな相違点である。ほぼ三〇〇年ほどの時間の隔たりだが、在地の日本社会もおそらく律令制の浸透により、大きく変わりつつあったと考えられるだろう。

2 摂関政治から院政へ

こうした男尊女卑的な傾向が、天皇を巡る政治的枠組みにもはっきりと現れたといえるだろう。それが一一世紀後半の白河上皇による院政の登場である（ちなみに院政は江戸時代まで断続的に行われた）。つまり、天皇を補佐する摂関政治が定着したのはほぼ一〇世紀の後半以降（始まりは九世紀後半）で、天皇の母方の外祖父（つまり藤原氏）が天皇をサポートするというものであった。それがほぼ百年経過したのちに、今度は天皇の父や祖父という前代の天皇経験者（太上天皇・上皇・院などという）が「治天の君」として政治を領導するようになったのである。

具体的には、後三条天皇が白河天皇に譲位した時点で院政を志向していたのではないか、という説もあるが、通常は白河天皇が堀川天皇に譲位して院政は始まったと理解されている。もっとも、その二〇〇年近く前の宇多上皇にもその意志はあったらしいが、公卿たちの離反を招きその試みは頓挫したようだ。

院政について現在の共通認識は、退位する天皇が自らの直系子孫（子や孫）に皇位を安定的に継承させるために、摂関などの協力も得ながら政権を掌握し続けた政治形態と理解され、それを支える中・下位貴族である近臣集団の存在が欠かせない。一方、その血統に着目すれば、天皇の母方の摂関から父方の院への転換と見ることも可能だろう。こうした変化も、マクロの視点から捉えると社会全体の趨勢と大いに関連していると理解できるのではないだろうか。

父（男）系意識が定着した現代のわれわれからすると、むしろ摂関政治が先行したということの方に違和感を覚えるだろう。なぜ母方の祖父が政権の半ばを実質的に担うのか、と。それは、先代の天皇が多くの場合、すでに亡くなっていたからである。つまり、八、九世紀前半までの天皇はほぼ終身の在位が原則で、生前譲位というのはあまり多くはなかった（ただし、八世紀代は天武系の嫡系継承実現のために、複数の女帝の即位と生前譲位が行われた）。だから、先代の知恵を借りようとしてもその実現は難しかったわけだ。したがって、まだ存命の外祖父の助力を得ることを通して貴族勢力の支持を取り付けたのである。

もちろん、前章で詳しく説明したように、古代日本社会は父方・母方双方の関係がほぼ対等な双方（系）的社会でもあったわけである。それゆえに、女王・女帝も八世紀代までは輩出していたのである。おそらく、こうした伝統も考慮すべきだろう。このような経緯から摂関政治の出現を理解できると考える（翻ってみれば、現代人のわれわれも案外、日常生活において母方の親族との縁が深いと思われるのが実感ではないだろうか）。

それが一一世紀後半になり、天皇の父あるいは祖父が、天皇を頂点とした朝廷の権力を凌駕したのである。九世紀の後半あたりから、生前譲位や幼帝の即位などが見られるようになり、先代の天皇の存命という状況が多く生まれた。また唐からの影響により、日本社会の支配層から父（男）系重視という偏向も生じてきた。すなわち、天皇当人が父権を意識し始めたのである。これらが相重なって院政が成立したのだろう。やや強引かもしれないが、こうした変化は王族（天皇一族）の血縁原理が父（男）系に大きく傾いたことによる、とも理解できるのではないだろうか。

しかし、院（朝廷）には法典を新たに編集するという権力も意欲も残っていなかった。それゆえに、従来からの養老律令と格・式（最後は九世紀前半に編纂された『延喜格式』、その後、弘仁・貞観・延喜の格を集めた『類聚三代格』が院政期以前に成立したと推定されている）を形式的に運用するというのが、貴族社会においては実に明治維新まで継続したのである。

そして摂関家の「番犬」から源氏が、院の「番犬」から平家が、それぞれ台頭していき、院や摂関の権能にまで近づき凌駕しようとしたのである。いよいよ武家政権の登場である。

第二節　中世武家法のルール――男尊女卑へ

1　相続と夫婦財産制

ア　財産相続

では鎌倉幕府の御家人を対象とする『御成敗式目』（一二三二年制定）のルールを紹介していこう（その法的効力は室町幕府の下でも継続している）。まずそこでは、女性の相続権がはっきりと認められていた。以下の通り〈現代語訳に二重点線や二重傍線などを加えた〉。

A 『御成敗式目』第一八条

〔原文を訓み下したもの〕

所領を女子に譲り与ふるの後、不和の儀あるによってその親悔《く》い還《かえ》すや否《いな》やの事

①右、男女の号異なるといへども、父母の恩これ同じ。②ここに法家の倫《ひと》申す旨《むね》ありといへども、女子はすなはち悔い返さざるの文を憑《たの》みて、不孝の罪業《ざいごう》を憚《はばか》るべからず。③父母また敵対の論に及ぶを察して、所領を女子に譲るべからざるか。④親子義絶《ぎぜつ》の起《おこ》りなり。教令違犯《いぼん》の基《もとい》なり。⑤女子もし向背《きょうはい》の儀あらば、父母よろしく進退の意に任すべし。⑥これによって、女子は譲状を全《まっと》うせん

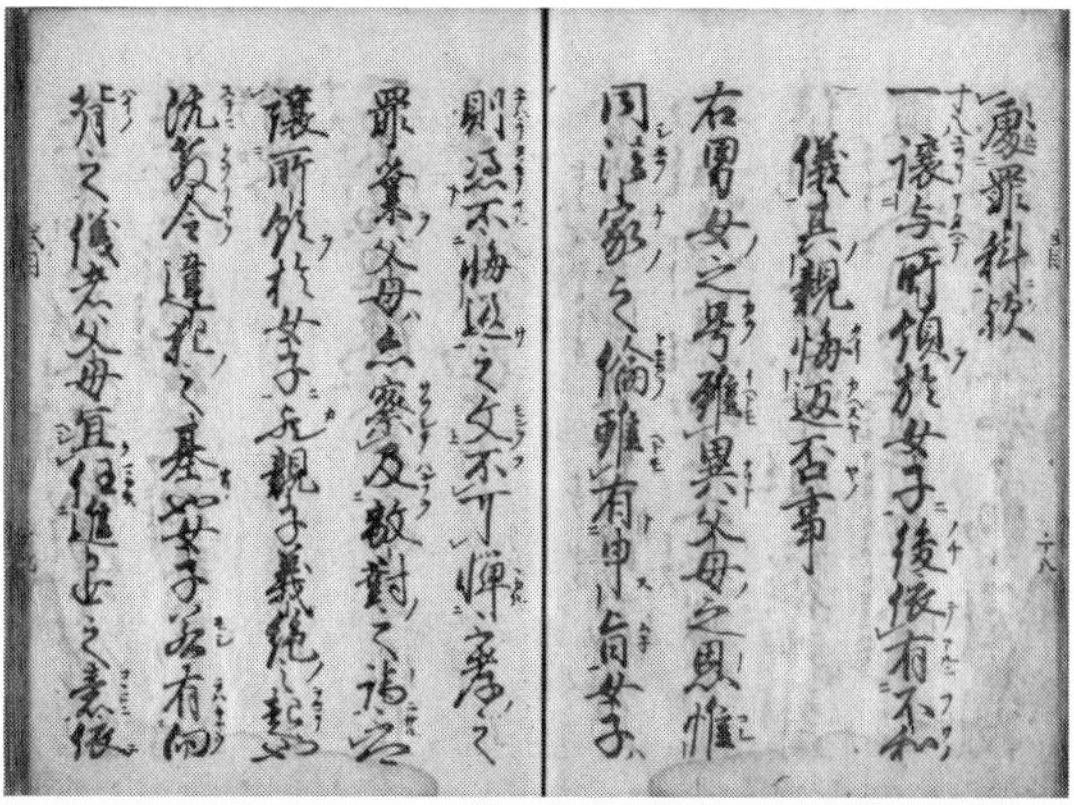

尊経閣叢刊『御成敗式目』第 18 条（国立国会図書館所蔵）

がために忠孝の節を竭《つく》し、父母は撫育《ぶいく》を施《ほどこ》さんがために慈愛の思ひを均《ひと》しうせんものか。

〔現代語訳〕

（親が）所領を女子に譲与した後に、（親子の間に）不和が生じ、親が譲与を取り消してその所領を取り戻すことが出来るか否かのこと

①右のことについて、男女の称は異なるが、父母の恩は同じである。②この件に関して、（公家の）法律家の見解があるといっても、女子について親が「悔い返し」（自らの処分を取り消してその所領を取り戻すこと）ができないという（公家の法律家の）規定を根拠にして、親不孝の罪を犯してはならない。③父母もまた（女子が親と）対立するのを恐れて、所領を女子に譲らないのであろうか（いや、それはよろしくない）。④（こうした事態は）親子が（儒教道徳に）反することの起こりであり、教令（親の命令）に背くことの基である。⑤もし女子が親に反抗することがあれば、父母は自由に判断を下して良い。⑥こうした（対応をする）ことで、女子は（父母からの）所領の譲与を確かなものとするために（親に）忠孝を尽くし、父母も同じく（女子に対して）慈愛の気持ちで接することになるだろう。

この規定は、鎌倉幕府の御家人が女子へも所領を譲与できたことを明確に示しており、きわめて著名なものである。

まず①では男女の差はないことを明記し、②では「悔（い）返（し）」についての公家法を否定して女子の親への孝行を求め、③では親が女子へ所領を譲ることが原則だとし、④では儒教道徳に背くのを戒め、⑤ではそれに背いた場合は親の自由な判断を認め、⑥では女子が親への孝養を尽くせば、譲られた所領は確かなものとなる、とする。①と⑥のルールが明快である。

また中世独特の「悔（い）返（し）」という処分について、公家社会（譲与の対象が既婚の女子に対して「悔返《くいしかえし》」は認められていなかった）と武家社会（「悔返」は譲与の対象が寺社や他人を除いて広く認められていた）が食い違っていたことをも示す史料だ。こうした考え方の背景には、女性の所有権を広く認めようとする武家法の特質がうかがえる、という指摘もある。さらに、「義絶《ぎぜつ》」（唐令や養老令での意味から変わって、親不孝などにより父親が子に対して親子関係を断絶すること）や「教令《きょうれい》」（父親が子を様々な局面で教え諭して強制的に指導すること）などの律令の用語を取り入れて、儒教道徳による親子間の「孝」観念がかなり明瞭に表れている。一三世紀の武家社会で儒教の浸透がかなり進んでいたことを示すだろう。

そのうえ女子には所領だけではなく、つき従う「下人」や家財道具なども譲られていたことが指摘されている。いわゆる家事労働に関わることも多かったからだろう。

次に、女性に養子が認められていたことも注目に値する。以下の通りである。

B 『御成敗式目』第二三条

〔原文を訓み下したもの〕

女人養子の事

①右、法意の如くばこれを許さずといへども、大将家御時以来当世に至るまで、その子なきの女人ら所領を養子に譲り与ふる事、不易《ふえき》の法勝計《しょうけい》すべからず。②しかのみならず、都鄙《とひ》の例先蹤《せんしょう》これ多し。評議の処もっとも信用に足るか。

〔現代語訳〕

女性が養子（を迎える）こと

①右のことについて、（公家の）法ではこれを許さないが、頼朝様以来当世に至るまで、実子がない女性らが所領を養子に譲り与えることについては、変更できない法が数えられな

い（程ある）。②それだけではなく、都や田舎での先例も多い。（式目を立法する際の）評議の内容も信用できるだろう。

この規定でも公家法とは違って、御家人の女性が養子を迎えて所領を譲ることをはっきりと認めている。しかも頼朝のころから、こうした処分は広く行われていたようだ。つまり、親（あるいは夫）から所領を譲られた女子は、それを実子ではなく養子にでも譲ることが可能なほど、その財産所有が広範に認められていたと考えてよいだろう。

このように、『御成敗式目』の規定では女性の財産所有が明瞭に認められていたのである。ただし、女子にどの程度の比率で財産相続がなされていたのか、については明文化されていない。そこで、具体的な財産処分の事例から、おそらく嫡子（長男で、多くは「家督」の継承者）がもっとも多く、それ以外の庶子や女子はその残りを均等に相続していたのではないか、と推定されている。この配分比率は第一章で紹介した養老戸令応分条のそれとあまり大きくは違わないだろう。

ところが、こうした状況は一三世紀後半以降になると大きく変化していく。それが「一期《いちご》分《ぶん》」という、女子などの相続は一代限りに制限するという慣習法の登場だ（『御成敗式目』には明記されていないが、関連する条文は追加法にある）。つまり、右記のように所領を諸子が分割して相続すると、領地は自ずと細分化していくこととなる。この状況を食い止めるためには（御家人としての武士団の勢力維持のためには）、相続の形態そのものを分割相続から単独相続へと変えざるを得ない。こうした流れのなかで女子や妻（後家）および庶子（嫡子以外の男子）への相続が一代限りに制限され始めた。これが「一期分」というものである。

なかでも女子の「一期分」は、その婚姻・出産、その子への継承により他家の所有となるゆえに制限を加えねばならない、という特質を明瞭に示している。すでに武家社会では嫁取り（嫁入り）婚が広まっており、女性は夫側の「家」に入り、夫側のメンバーとして子育ても行っていたからだ。その子は、当然のことながら夫の「家」のメンバーだから、女性の所領はその子に相続されると夫の「家」の所領となってしまうわけである。

単独相続は室町幕府が成立する時点（一四世紀前半）で、ほぼ全国の武家の財産相続形態の主流になったといわれている。こうした流れは、結局、近世になり女子への財産相続が認められなくなる、という事態に行きつくのである。

もっとも、一三世紀末の幕府の追加法に、すでに女子への財産相続を認めていないと理解できるものもある。

C 『御成敗式目』追加法（弘安九年〈一二八六〉七月二五日）

〔原文を訓み下したもの〕

鎮西御家人の所領の事

①異国警固落居《らっきょ》せざらんの程は、女子に譲るべからず。②男子なくば、親類をもって養子となし、これに譲るべし。

〔現代語訳〕

九州の御家人の所領のこと

①異国に対する警固が落ち着かないうちは、（所領を）女子に譲るべきではない。②男子がなければ、親類（の男子）をもって養子とし、これに（所領を）譲るべきである。

この追加法はタイトルに明記されているように、鎮西（九州）の御家人を対象としたもので、二度目の元寇（弘安の役〈一二八一年〉）があった五年後に出されたものだ。「異国警固」つまり軍事上の役割と関わる形で規定されたのは明らかで、こうした面で女性がその軍役を果たせず、それに伴って所領の譲与が認められなくなったのである。ただ、この法令は九州に限定されたもので、ここから一気に女子への財産相続が否定されていったとは考えられていない。その後に紆余曲折もあったと理解されているようだ。

いずれにしても、中世の武家社会では古代から引き続いて女性への財産相続が認められていたが、分割相続から単独相続への大きな変化や軍役との関係、婚姻による他家への所領の流出などにより、「一期分」などという慣習法を経て、その相続が制限されていったことがはっきりと跡づけられるのである。

イ　夫婦財産制

夫婦財産制をめぐっても『御成敗式目』に複数の規定がみえる。各々を紹介していこう。まず第一一条から。

D　『御成敗式目』第一一条

〔原文を訓み下したもの〕

夫の罪過によって、妻女の所領没収せらるるや否やの事

①右、謀叛・殺害ならびに山賊・海賊・夜討・強盗等の重科においては、夫の咎《とが》を懸くべ

きなり。②ただし、当座の口論により、もし刃傷・殺害に及ばばこれを懸くべからず。

〔現代語訳〕

夫の犯罪によって妻女の所領が没収されるか否かのこと

①右のことについて、謀叛・殺害ならびに山賊・海賊・夜討・強盗等の重大な犯罪においては、夫が負うべき罪を（妻も連座して）負うべきである。②ただし、当座の口論から（偶発的に）傷害や殺害が発生したならば、（妻は夫の）罪を負うべきではない。

この規定では、①と②ではその対応が異なっている。つまり、①では夫が犯した罪が重罪ならばその妻も罪を負うべきだとし、その所領は没収されることになる。ということは、夫婦の一体性が認められていることになるだろう。一方、②では夫の罪がそれほどのものでないならばその妻の連帯責任は問われず、その所領も没収されない。つまり、夫婦の一体性は認めにくいのだ。この二項を基に、夫が罪を犯さない場合を想定すると（つまり通常の夫婦関係が営まれている場合）、妻の連帯責任は発生せず、おそらくその所領は没収されないと推論するのが妥当だろう。したがって、この規定から夫婦各々が財産を所有できる夫婦別財制的であったと判断できるだろう。
また、次の規定でもかなり明快な判断が下せる。

E『御成敗式目』第二一条

〔原文を訓み下したもの〕
妻妾《さいしょう》夫の譲《ゆずり》を得、離別せらるるの後、かの所領を領知するや否やの事
①右、その妻重科あるによって棄捐《きえん》せらるるにおいては、たとひ往日《おうじつ》の契状《けいじょう》ありといへども前夫の所領を知行し難し。②もしまたかの妻、功ありて過なく、新しきを賞して旧《ふる》きを棄《す》てば、譲るところの所領悔い還すにあたはず。

〔現代語訳〕
妻妾が夫から（所領の）譲りを得て、離婚された後に、その所領を（そのまま）所有することができるか否かのこと
①右のことについて、その妻妾に重大な過失があることにより離婚された場合、たとえ過

郵便はがき

料金受取人払郵便

神田局
承認

6430

差出有効期間
2022年12月
31日まで

切手を貼らずに
お出し下さい。

101-8796

5 3 7

【受 取 人】

東京都千代田区外神田6-9-5

株式会社 **明石書店** 読者通信係 行

お買い上げ、ありがとうございました。
今後の出版物の参考といたしたく、ご記入、ご投函いただければ幸いに存じます。

ふりがな お名前	年齢	性別

ご住所 〒 -

TEL ( ) FAX ( )

メールアドレス	ご職業（または学校名）

＊図書目録のご希望 □ある □ない	＊ジャンル別などのご案内（不定期）のご希望 □ある：ジャンル（ □ない

書籍のタイトル

◆本書を何でお知りになりましたか？
□新聞・雑誌の広告…掲載紙誌名[ ]
□書評・紹介記事……掲載紙誌名[ ]
□店頭で □知人のすすめ □弊社からの案内 □弊社ホームページ
□ネット書店 [ ] □その他[ ]

◆本書についてのご意見・ご感想
■定 価 □安い（満足） □ほどほど □高い（不満）
■カバーデザイン □良い □ふつう □悪い・ふさわしくない
■内 容 □良い □ふつう □期待はずれ
■その他お気づきの点、ご質問、ご感想など、ご自由にお書き下さい。

◆本書をお買い上げの書店
[市・区・町・村 書店 店]

◆今後どのような書籍をお望みですか？
今関心をお持ちのテーマ・人・ジャンル、また翻訳希望の本など、何でもお書き下さい。

◆ご購読紙 (1)朝日 (2)読売 (3)毎日 (4)日経 (5)その他[新聞]
◆定期ご購読の雑誌 [ ]

ご協力ありがとうございました。

ご意見などを弊社ホームページなどでご紹介させていただくことがあります。 □諾 □否

◆ご 注 文 書◆ このハガキで弊社刊行物をご注文いただけます。
□ご指定の書店でお受取り……下欄に書店名と所在地域、わかれば電話番号をご記入下さい。
□代金引換郵便にてお受取り…送料+手数料として500円かかります（表記ご住所宛のみ）。

名	冊
名	冊

指定の書店・支店名	書店の所在地域 都・道 府・県 市・区 町・村
	書店の電話番号 （ ）

去の（所領を譲るという）契約があっても（妻妾は）別れた夫の（から譲られた）所領を支配することはできない。②また、もしその妻妾に功績があって罪がなく、（夫が）ただ新しい妻を娶り古い妻妾を捨てようとするならば、（夫が）譲り渡した所領を取り戻すことはできない。

この条文は離婚に際してのものだが、やはり二項に分けてルール化されている。しかし、①は妻妾が重大な過失を犯すという例外的なものといえるだろう。それに対して、②では妻妾に重大な過失がない限り、夫から譲られた所領は離婚以降も継続して所有できると理解できる。こちらが一般的なものと考えるのが道理だろう。すると、②での夫婦別財制的な一面が明らかな規定だと判断できることになる。つまり、本条は離婚に際しても夫婦別財制的な姿がくっきりと現れている規定なのである。

以上のように、『御成敗式目』の規定では、夫婦の財産所有は夫婦別財制的であったと理解してよいだろう。一般的には、江戸時代以降のイメージで武家社会を考えることが多いが、鎌倉時代の前半はそれほど男尊女卑的ではなく、女性の財産所有はかなり認められていた、と考えられる。この点では、古代日本社会の所有のあり方がまだ続いていたといえるのである。

ウ　家督相続

第一章で律令制下の官僚としての地位や俸給の相続について、「継嗣令《けいしりょう》」の内容を簡単に紹介した。しかし武家社会になると、「ご恩と奉公」という主従の関係において、その地位の継承はより大きな意味を持ってくる。相続の一つのスタイルとして家督相続という言葉で表現されるわけである。けれども、本書のテーマとは直接的にはあまり関わらないので、江戸幕府法や明治民法の家督相続との関係を考慮し、必要な限りで述べておきたい。

中世の武家社会でいう家督とは、一般的には武士団の首長を表すものと、一つの武家の長を表すものがあるようだ。両者の家督はともに嫡子（長男）が受け継いだと考えられており、基本的には女子は排除されていた。また『御成敗式目』ではその語句はみえない。ただし、次のような条文があるので、紹介しておきたい。

F　『御成敗式目』第二二条

〔原文を訓み下したもの〕

父母所領配分の時、義絶にあらずといへども成人の子息に譲り与へざる事

①右、その親、成人の子をもって吹挙《すいきょ》せしむるの間、勤厚《きんこう》の思ひを励まし労功を積むの

処、或は継母の讒言《ざんげん》に付き、或は庶子の鍾愛《しょうあい》により、その子義絶せられずといへどもたちまちかの処分に漏《も》る。②侘傺《たてい》の条、非拠《ひきょ》の至りなり。③よって今立つるところの嫡子の分を割き、五分一をもって無足《むそく》の兄に充《あ》て給ふべきなり。④ただし少分たりといへども、計《はか》らひ充つるにおいては、嫡庶を論ぜずよろしく証跡によるべし。⑤そもそも嫡子たりといへども指《さ》したる奉公なく、また不孝の輩においては沙汰の限りにあらず。

〔現代語訳〕

父母が所領を配分する時、義絶（親不孝などにより親が親子関係を断絶すること）でなくとも、成人した子息に譲与しないこと

①右のことについて、その親が成人した子を（幕府に）推挙して、（その子が幕府に出仕して）奉公を重ねているところに、（父親が）継母の讒言を受け入れたり、若年のほかの子を溺愛したりして、（先の）成人した子が義絶されたのでもないのに、譲与の対象から漏れてしまう。②（だからその子が）経済的に困窮するのははなはだ道理が通らない。③したがって、新たに嫡子（後継者）とされた子の相続分をけずって、（その）五分の一を所領のない（先の成人した）兄に（幕府の命令として）充てるべきだ。④ただし、（先の成人した兄に）少量でも所

領が譲与されていれば、嫡子や庶子を区別せずに譲り状の文面によるべきだ。⑤そもそも嫡子（長男）といっても（幕府に対して）さしたる奉公もなく、また不孝の者においては（幕府の命令の）対象外である。

本条は、その内容から財産相続に関するもので、家督相続に関するものではないといえるだろう。しかし①③の記述から、後継者としての「嫡子」が親の意向によって変更される状況がよく分かる。つまり、文面からは、タイトルの「成人した子息」が当初は公的な意味での後継者（つまり家の長としての「家督」の相続予定者）であったと考えられる。ところが、継母の讒言などによって当主の父親の判断が変更され、ほかの子（庶子）が後継者（「家督」の相続予定者）とされ、その判断を幕府も受け入れるのだろう。しかし、⑤に明記されているように、幕府に対する奉公が認められないものや、あるいは「義絶」には至らないまでも親に対して孝養に欠けるものは、たとえ「嫡子（長男）」であっても幕府からの救済の対象とはならない、ということだろう。分かりづらいが、本条により、「嫡子」（長男）の地位は親の意向により変わり得るもので、近世以降の生まれながらの「嫡子」（長男）が家督を相続する、というルールにはまだ至っていないことが読み取れるだろう。

このように、中世では家の長としての「家督」の相続はまだ不安定な一面を残しており、親の意向を反映できる余地がかなりあったと考えられるのである。これは、古代の「継嗣」が必ずしも嫡子ではなかったことと相通じる点があるといえるだろう。

2　婚姻・離婚

ア　婚姻

婚姻については、『御成敗式目』では明記されていない。しかし、その制定の趣旨を認めた北条泰時の消息があり、そこでは次のような一節が確認できる。

【北条泰時消息】

〔原文を訓み下したもの〕

詮ずるところ、従者主《あるじ》に忠をいたし、子親に孝あり、妻は夫にしたがはば、人の心の曲れるをば棄て、直しきをば賞して、おのずから土民安堵の計り事にてや候（以下略）

〔現代語訳〕

結局のところ、従者は主人に対して忠をつくし、子は親に（対して）孝があり、妻は夫に従えば、人心のゆがみを捨て、正直を称揚して、自然に人々が安堵することになるのでは

ないでしょうか。（以下略）

この文言は、まちがいなく夫中心の夫婦関係を理想とする儒教道徳によるもので、その背後には嫁取りによる夫方同居婚を想定できる。つまり、中国（唐）のような父系的な社会にぴったりと対応するものだ。さきに紹介した『今昔物語集』の【説話の世界2】ともほぼ一致する。われわれがイメージする武家社会の婚姻に重なるものともいえるだろう。しかし、この婚姻スタイルは先に紹介した夫婦別財制とは食い違う。

通説によると、日本社会の婚姻スタイルは中世を境として、婿取りによる妻方同居婚から嫁取りによる夫方同居婚へと変化したと考える。ただし、その時期を中世の前半と想定するのか、あるいは後半と考えるのかは論者により様々だ（しかし私説はすでに述べたように、古代では婿取りによる妻方同居婚が中心だと考えるのではなく、多様なスタイルが存在したと考え、それが中国からの影響を受けて支配層から嫁取りによる夫方同居婚へと変化していくとみる）。すると、この『御成敗式目』の食い違いを含む規定は、ちょうどその過渡期を表したものと考えられるのではないだろうか。つまり、婚姻スタイルでは中国や近世の武家社会（あるいは明治民法の規定）に近い、夫中心の嫁取り婚（夫方同居婚）であったのに対して、夫婦の財産所有では古代日本社会に近い夫婦別財制であったといえるだろう。

【説話の世界3】

ここで、やはり同時代の説話世界を紹介しよう。それは一三世紀に成立した仏教説話集である『沙石集』（巻七下「継女蛇欲合事」）の説話だ。すでに紹介した『日本霊異記』『今昔物語集』のそれぞれ（【説話の世界1】【説話の世界2】）と関連する内容であり、なおかつ変化している点が明瞭に確かめられるのである。そのあらすじは以下の通り。

〔あらすじ〕

下総の国のある妻が、大きな沼に継女を連れて行き、その沼の主に「継女を差し上げ、お前様を聟にして進ぜよう」と度々申し出た。大風が吹いたあるとき、いつものように妻が沼の主に言葉をかけていると、この女（継女）は身の毛のよだつような恐怖を感じた。沼の水面も大荒れになり、怖くなって急いで帰宅する。帰宅しても何者かに追いかけられるように感じたので、女は父にこれまでのことを打ち明けた。そうしているうちに妻も逃げ帰ってきた。その後、大きな蛇が追ってきて鎌首をもたげて女を見つめる。すると、父親が蛇に向かって「この娘は自分の子であり、妻は継母である。自分の許しがないと娘の婚姻はありえない。母親の言葉によるものではない。妻は夫に従うものなので、妻を自由にしてよい」というと、蛇は女を捨てて母親の方へはっていった。その隙に父親は娘を連れて逃げた。この蛇は母親にまとわりつき、母親も気が狂って蛇に変身しかかった。文永年間の夏のころ、この事件が話題となり、来る八月一三日にふたたび大雨となり、蛇がまた出現するだろう、という噂となった。しかし、蛇が現れたとは聞かなかった。

こうした内容で【説話の世界1】【説話の世界2】とはいささか異なる話だが、やはり娘と蛇との婚姻に関わる説話の一つだ。つまり、父にとっては実の娘、母にとっては継女だが、娘の婚姻を司るのは父親、母親ということとなっている。この点では【説話の世界2】とほぼ同様である。さらに注目すべきは、「妻は夫に従うもの」という蛇（沼の主）に対する夫の発言だ。さきの北条泰時の手紙とまったく同一の考えといえるだろう。為政者である法律制定者の言葉ではなく、仏への信仰を広めようとして説話を書き留めた一僧侶（無住一円）の表現だ。ということは、この時点の日本社会においてこうした男尊女卑的な夫婦関係が、かなり広い階層に受け入れられていたと判断してよいだろう。

イ　離婚

一方、離婚に際しての所領支配の移動を規定した複数の条文がみえる。まず先に紹介した二一条から。

G 『御成敗式目』第二一条

〔原文を訓み下したもの〕

妻妾《さいしょう》夫の譲《ゆずり》を得、離別せらるるの後、かの所領を領知するや否やの事

①右、その妻重科あるによって棄捐《きえん》せらるるにおいては、たとひ往日《おうじつ》の契状《けいじょう》ありといへども前夫の所領を知行し難し。②もしまたかの妻、功ありて過なく、新しきを賞して旧《ふる》きを棄《す》てば、譲るところの所領悔い還すにあたはず。

〔現代語訳〕

妻妾が夫から（所領の）譲りを得て、離婚された後に、その所領を（そのまま）所有することができるか否かのこと

①右のことについて、その妻妾に重大な過失があることにより離婚された場合、たとえ過去の（所領を譲るという）契約があっても（妻妾は）別れた夫の（から譲られた）所領を支配す

ることはできない。②また、もしその妻妾に功績があって罪がなく、（夫が）ただ新しい妻を娶り古い妻妾を捨てようとするならば、（夫が）譲り渡した所領を取り戻すことはできない」。

先ほどは、夫婦財産制を中心に解説したが、ここでは離婚のあり方をみたいと考える。すると、まずタイトルにある「妻妾が夫から（所領の）譲りを得て、離婚された後」という文言から、離婚権は夫にあったとする見解が導かれる。また、「妻妾の重大な過失」とは儒教道徳に則せばおそらく不貞と考えてよいだろう。幕府の建前としてはそうあるべきだったのである。たとえば、三四条には「他人の妻を密懐する罪科（他人の妻と密通した罪）の事」とあり、不貞（密通）についての処罰が記され、男とその相手の人妻ともに所領の半分などが没収されたり、遠流の処分となったりした。ほぼ二〇年後の追加法（二九二条）には同様の状況で、庶民に対する処分も規定されている（ただしその代償は「過料二〇貫〈あるいは五貫〉」という罰金で済んだようだ）。いずれにせよ、ともに近世のルールのように死にいたるほどの厳罰ではない。しかし、夫の不貞（密通）については不問であったようである。

けれども、同時代のさまざまな事例から必ずしも夫からの一方的な離婚ばかりとはいえない、という見解も示されている。おそらく実情としてはこちらの方が近いのかもしれない。やはり、夫婦別財制という経済面を重視するべきではないかと考えるゆえに。

しかしながら、離婚に関する幕府の公式見解としては本条の規定だった。離婚についての直接的な条文はこれのみである。

だから次に、夫の所領を譲られた妻が、夫の死後に再婚する場合を想定した条文をみておきたい。『御成敗式目』第二四条だ。

H 『御成敗式目』第二四条

〔原文を訓み下したもの〕
夫の所領を譲り得たる後家《ごけ》、改嫁《かいか》せしむる事

①右、後家たるの輩、夫の所領を譲り得ば、すべからく他事を抛《なげう》ちて亡夫の後世《ごせ》を訪ふべきの処、式目に背く事その咎なきにあらざるか。②しかるにたちまち貞心を忘れ、改嫁せしめば、得るところの領地をもって亡夫の子息に充て給ふべし。もし子息なくば別の御計らひあるべし。

〔現代語訳〕

夫の所領を譲られた未亡人が再婚させられること

①右のことについて、未亡人である女性は夫の所領を譲り得ているならば、きちんと他のことをなげうって亡き夫の菩提を弔うのは、この式目に背くことで（はなく）その罪過はないだろう。②しかしすぐに（亡き夫に対する）貞操をまもる心を忘れ、再婚するならば、（夫から）得た所領は子息に与えるべきである。もし子息がなければ（幕府は）別の処分を下すだろう。

この条文も、儒教道徳を宣揚する姿勢がはっきりと出ている。つまり、「貞操をまもる心」に基づいて再婚時の所領処分についてルール化しているからだ。それはともかくとして、やはり幕府の考える通常の離婚ならば、夫から譲られた妻の所領はそのまま認められているのは明らかだろう。同じような条文は、追加法にも複数確認できる。

このように、『御成敗式目』では婚姻・離婚について明文化された条文は数少ないが、妻の主体性が認められる側面も確認できるようだ。

以上のように『御成敗式目』の相続、夫婦財産制、婚姻・離婚について検討してきたが、各々の特徴を表にまとめておこう。

表10　中世武家社会の財産所有・夫婦財産制・婚姻・離婚

	中世武家社会
財産相続	・女性の相続権あり ・一三世紀後半以降「一期分」などの制約が加わる ・家督相続では長男子の相続が原則だが、まだ不安定
夫婦財産制	夫婦別財制（妻の所有があった）
婚姻	嫁取り婚が普及し、妻は夫に従うべきという考え方が広まる 【説話の世界3】
離婚	・妻の不貞が問題視され、罰則もあった ・妻側からの離婚もあったか

この表10は、男女格差が小さい古代から男尊女卑的な近世への過渡期の様子を見事に示しているといえるだろう。

また、女性が中世社会で経済的活動などの様々な活動をさかんに行っていたこともすでに数多く指摘されている。

第三節　中世から近世へ

これまで見てきたように、『御成敗式目』には古代日本社会からの、女性の財産所有を認める—財産相続や夫婦別財制—という一面と、武家社会の特徴（中国社会の儒教道徳の影響を受けた）である男性中心の、つまり男尊女卑的な婚姻や離婚のあり方とが併存していたと考えられるだろう。

この状況が徐々に変化していき、室町幕府成立時の武家社会では単独相続がほぼ定着し、家督相続と財産相続が一体化し、女性の財産相続はきわめて限定的になったようだ。婚姻や離婚の面でも嫁取り婚が広まり、一層、男尊女卑的になっていったと考えられている。

このような動向と歩調を合わせるように、一三、四世紀頃の有力な神社の参拝規則集である「服忌令《ぶっきりょう》」などにも、女性に対するケガレがかなり強力にルールづけられた。たとえば、出産に伴うケガレの期間は、九、一〇世紀頃ではわずか七日間であったのが、三〇～七〇日間にも拡大されていった。女性を神事が執り行われる（マツリゴト）空間から、より長期間、排除するようになったといえるだろう。

けれども、経済分野などでは前代から引き続いて女性も活発に活動していた様子が、すでに種々の資・史料から明らかにされている。

また、戦国時代（一六世紀後半）に来日したイエズス会宣教師ルイス・フロイスが書き残した、同時代の日本社会についての興味深い記述がある。特に、その著『日本覚書』の第二章「女性、その風采と衣服について」に記されている、当時の男女関係をうかがわせるものをいくつか紹介しよう。

①ヨーロッパでは、夫が前方を、そして妻が後方を歩む。日本では、夫が後方を、妻が前方を行く。

②ヨーロッパでは、夫婦間において財産は共有である。日本では、各々が自分のわけまえを所有しており、ときには妻が夫に高利で貸しつける。

③（ヨーロッパでは）堕落した本性にもとづいて、男たちのほうが妻を離別する。日本では、しばしば妻たちのほうが夫を離別する。

④ヨーロッパでは、娘や処女を（俗世から）隔離することははなはだ大問題であり、厳重である。日本では、娘たちは両親と相談することもなく、一日でも、また幾日でも、ひとりで行きたいところに行く。

⑤ヨーロッパでは、妻は夫の許可なしに家から外出しない。日本の女性は、夫に知らさ

ず、自由に行きたいところに行く。

このうち①と⑤は日本女性が婚姻関係にあっても必ずしも夫に従属せず、主体的にふるまっている様子がうかがえる。②は、古代・中世日本の夫婦別財制を彷彿とさせる。③は、離婚に対する『御成敗式目』の幕府の公式見解とはまったく正反対のもので、実態に近いのかもしれない。④は、未婚女性の自立性がかいま見えるものだろう。

問題なのは、フロイスがもっぱらどの階層の女性を観察して記録したかだろう。武家社会の女性か、貴族社会の女性か、あるいはそれら以外の階層の女性か、いずれかであったのだろうが、おそらく明確に判断するのは難しいだろう。だから、これらの記述にどの程度の信頼を置けるのかは慎重に考えるべきなのである。

しかし、フロイスが虚構のことをわざわざ記したとも考えられず、これらの内容は一六世紀後半の日本社会の女性像の一端を示していることはまちがいなく、法律のルールからは見えない一面を示しているといえるだろう。

こうした時代を経て、豊臣秀吉によって兵農分離が行われ、その後、いよいよ江戸幕府が成立して、いわゆる幕藩体制が整えられていく。支配イデオロギーとしての儒教も大きな役割を果たし、男尊女卑の考え方が全社会に広まったといえるだろう。

つまり、法のルールだけではなく、また武士だけではなく、庶民の日常生活の様々な場面にまで、男尊女卑観念が浸透していったのである。たとえば『女大学』などの庶民向けの書物を通して、「三従《さんじゅう》」（女性は子供の時には親に、結婚しては夫に、夫に死別しては子供に、それぞれ従うべきだ、という意味）、「七去《しちきょ》」（女性に、子供ができない、浮気心がある、夫の両親に従わない、おしゃべりである、盗み癖がある、嫉妬心が強い、悪い病気持ちである、などの欠点があれば離婚できるという意味で、唐〈中国〉令〈日本令でもそのまま規定された〉の離婚要因として挙げられていた「七出《しちしゅつ》」と同じ―第一章ですでに紹介済み―）などという言葉が広く受容されていった。

その体制下では膨大な法律が制定されたが、その多くは江戸時代の中期以降に幕府自身（あるいは私撰）でまとめられる。以下では、それらの主要な法令集（『武家諸法度《ぶけしょはっと》』『諸士法度《しょしはっと》』―これらは江戸時代前半期のもの―、『公事方御定書《くじかたおさだめがき》』―八代将軍吉宗の命令によって寛保二〈一七四二〉年に編纂された法令集―、『律令要略《りつりょうようりゃく》』―『公事方御定書』以前の幕府の判決の要旨を編纂したもの―）などを中心に紹介していく。

第四節　近世武家法のルール――男尊女卑の完成

1　相続と夫婦財産制

ア　家督相続

江戸時代になると武家の家督相続と財産相続の一体化が進み、財産相続という面は後退して家督相続が前面に出ることになり、しかも「嫡子」（あるいは「惣領」）といわれる長男のみ（女子は排除された）が継承していくようになったと理解されている。しかし、近年では長男の単独相続は江戸中期頃から主流になるもので、それまでの江戸前半期は分割相続も一定程度は行われており、幕府法もあまり明確にはルールづけしていないと理解されているようだ。

では、江戸幕府のルールを紹介していこう。基本となるのは大名を対象とする『武家諸法度』、旗本・御家人を対象とする『諸士法度』の規定だ。『武家諸法度』は二代将軍秀忠の元和元（一六一五）年にはじめて発布され、それが三代将軍家光の寛永一二（一六三五）年、四代将軍家綱の寛文三（一六六三）年、五代将軍綱吉の天和三（一六八三）年、六代将軍家宣の宝永七（一七一〇）年にそれぞれマイナーチェンジを施して発布され、八代将軍吉宗の享保二（一七一七）年には天和のものに戻す形とし、これ以降は天和のものが長く効力を持ち続けた。

吉宗が旧に復す形で採用した天和三年のもの（天和令という）は、旗本・御家人を対象とした『諸士法度』を統合したものでもあった。

ところが、相続そのものについて規定があるのは、意外なことに天和令と宝永令の二種のみである。だから、天和令を元に考えるのが道理だろうが、次に紹介するようにきわめて簡単なルールなのだ。

A　武家諸法度（天和令）

〔原文〕

①養子は同姓相応《そうおう》之者を撰《えら》ひ、若無之《もしこれなき》におゐては、由緒を正し、存生《ぞんじょう》之内可致言上《ごんじょういたすべし》、

②五拾以上十七以下之輩及末期《まつご》雖致養子《ようしをいたすといえども》、吟味之上可立之《これをたつべし》、縦雖実子《たといじつしといえども》、筋目違《すじめちがい》たる儀、不可立之事《これをたつべからざるのこと》（以下略）

（『御触書寛保集成』武家諸法度之部）

〔現代語訳〕

①養子は同姓で相応しい者を選び、もしこれがない場合は、血統を正し、（当主が）生存している内に申告するべきだ。②（当主が）五〇歳以上一七歳以下の者、および末期（当主の危篤時）に養子にしたとしても、吟味した上で立てるべきだ。たとえ実子であってもその

血筋が異なれば、立てることはできないということ。（以下略）

この規定は明らかに養子の立て方を主なものとするが、終わりの「たとえ実子であってもその血筋が異なれば、立てることはできない」という部分に注意する必要がある。これは次に紹介する宝永令の「あるいは実子だといっても（後継者に）立てるべき者の外を選び、あるいは子がなく世代が後の者を選ぶような場合は、親族や家人などの合議の上、（幕府の）裁断を仰ぐべきだ」という箇所に対応していると考えられるからだ。

この二者から考えると、実子だから後継者とするとは単純にはいかず、その「筋目」（血筋）をかなり重要視していることが理解できる。おそらくその背景に「嫡子」あるいは「惣領」と称される長男が優先されるべきだ、という考え方があったと推定できる。というのも、後に述べるように旗本・御家人を対象とした『諸士法度』にこうした長男優先主義が見えるので。しかし、曖昧なルールだ。しかも二者ともに江戸中期のものである。

では次に、より詳しい宝永令を紹介しよう。

B　武家諸法度（宝永令）

〔原文〕

①継嗣《けいし》は其《その》子孫相承《そうしょう》すへき事論するに及はす、②子なからんものハ、同姓の中その後たるへき者を撰むへし、③凡《およそ》十七歳より以上は其後たるへき者を撰ミ、現存の日に及ひて望《のぞみ》請《こ》ふ事をゆるす、④或は実子たりと言ふとも、立へき者の外を撰ミ、或は子なくしてその後たるへき者を撰むのことときは、親族家人等議定の上を以て、上裁《じょうさい》を仰くへし、⑤若《もし》其望請ふ所理《ことわり》におゐて相合はす幷《ならびに》其病《やまい》危急の時に臨みても望請ふ所のことときは、其濫望《らんぼう》をゆるすへからす（以下略）

（『御触書寛保集成』武家諸法度之部）

〔現代語訳〕

①後継者は、その子孫が継承するのは論ずるに及ばない（それは当然のことだ）。②子がない者は同姓の中から（世代が）後の者を選ぶべきだ。③およそ（当主が）一七歳以上は（世代が）後の者を選び、（当主が）生存している時点でその望み請うことを許す。④あるいは実子だといっても（後継者に）立てるべき者の外を選び、あるいは子がなく世代が後の者を選ぶような場合は、親族や家人などの合議の上、（幕府の）裁断を仰ぐべきだ。⑤もしその望み請うところが道理に合わず、ならびに（当主が）危篤の時に臨んで望み請うような場合は、その濫りな望みを許すべきではない。（以下略）

この宝永令は、「継嗣」という語を記しており家督相続についての規定であることがかなり明確である。また省略した付則に「近年の風潮として、後継者を定める際に自らの親族などに求めないで、その所有財産を論じることに至る場合があり、これは人の道としてあってはならない」という記述もある。血筋ではなく経済力の大小によって、家督相続が行われることがあったと推量できる。ほかの史料からもそうした事態が起こっていたことがすでに明らかにされている。

ところで、この宝永令と先の天和令の各傍線部に類似の規定がすでに『諸士法度』のなかに認められるのである。すなわち、寛永一二（一六三五）年の『諸士法度』は「相続のことは（中略の部分に養子についての規定がある）たとえ実子であっても血筋が違う（人物を選ぶような）遺言は立てるべきではないこと」とあり、天和令の傍線部とほぼ同一だ。

さらに寛文三（一六六三）年の『諸士法度』は養子についてより詳しい規定があり、以下の通りである。

C　諸士法度（寛文三年）

〔原文〕

①跡目《あとめ》之儀、養子ハ存生之内言上《ごんじょう》いたすへし、②及末期《まつごに》雖申之《およびこれをもうすといえども》、不可用之《これをもちいるべからず》、③

雖然《しかりといえども》 其父五十以下之輩は、雖為末期《まつごたりといえども》、依其品可立之《そのしなによりこれをたてるべし》、④十七歳以下之者於致養《ようしといたすに》子ハ《おいて》、吟味之上《うえ》許容すへし、⑤向後《きょうご》は同姓之弟同甥《おい》同従弟《いとこ》同また甥又従弟、此内《このうち》を以て、相応之者を撰《えらぶ》へし、⑥若《もし》同姓於無之《これなきにおいて》ハ、入聟《いりむこ》娘方《むすめかた》之孫姉妹之子種替《たねがわり》之弟、此等《これら》は其父之人からにより可立之《これをたつるべし》、⑦自然右之内にても、可致養子者《ようしといたすべきもの》於無之ハ、達奉行所《ぶぎょうしょにたつし》、可《さしず》請差図也《をこうべきなり》、⑧仮令雖為実子《たとえじつしたりといえども》、筋目違《ちがい》たる遺言立へからさる事　（『徳川禁令考』前集第一、一七二　諸士法度）

〔現代語訳〕

①相続のこと、養子は（当主が）生存しているうちに申告するべきだ。②（当主が）危篤になって申し出てもこれを取り上げない。③そうであっても父親（つまり当主）が五〇歳以下の者は、危篤であってもその品によって（養子を）立てるべきだ。④（当主が）一七歳以下の者の養子については吟味した上で許すべきだ。⑤今後は同姓の弟、甥、従弟、又甥、又従弟などのうちから相応しい者を選ぶべきだ。⑥もし同姓のなかで（こうした者が）ない場合は、入り婿、娘の孫、姉妹の子、異父弟、これらはその父親の人柄により（養子として）立てるべきだ。⑦もしも以上のような者からも養子にするべき者がない場合は、奉行所に申し出て指示を受けるべきだ。⑧たとえ実子であっても、血筋が違う（人物を選ぶような）

遺言は立てるべきではない、ということ。

一読してわかるように、傍線部は先の寛永の『諸士法度』とほぼ同一で、やはり原則としてくり返し記している。問題は、その前に詳細に規定されている養子に関するルールである（⑤⑥の波線部）。養子に立てる順位は、第一には父（男）系血族の弟、甥、従弟、又甥、又従弟、第二には母（女）系血族の入り婿、娘方の孫、姉妹の子と異父弟までとなっており、母（女）系の入り婿などや異父弟まで認められているのだ（もちろん条件付きだが）。この規定は旗本・御家人を対象としたものだが、先に指摘したように基本的には大名を対象とした『武家諸法度』にも連なるものといえるだろう（ただし、明記されてはいない）。また、入り婿などを養子として認めることは、庶民のあり方ときわめて類似しているといえる。

さて、こうした養子の規定から逆に家督相続者のあるべき姿がうかがえる。つまり、弟や甥、従弟（さらには又甥以下の遠縁の者）などではなく、長男が本来の家督相続者として想定されていたと考えられるのである。

『武家諸法度』『諸士法度』などの幕府の基本法において、家督相続についてはあまり明確には記されていないので、回りくどい説明となった。しかし、以上のように家督相続者は長男であったと理解できるだろう。そして諸藩のルールもこれに準じていたようだ。いずれにしても、女子は家督相続という場からほぼ完全に排除されていたのである。

イ　財産相続

武家では家督相続と財産相続は一体化していたので、ここでは庶民の財産相続のあり方をもっぱら取り上げることとする。ただし、武家の女子にも婚姻の際に「化粧料」（嫁入りに伴う持参財産、類似のものとしては第一章で紹介した唐（中国）令の「娉財《へいざい》」があった）が与えられるのが一般的であったようだ。また後家（未亡人）も一定の個人所有財産を所持していたようである。

さて、庶民の財産相続は二タイプあったようで、第一は武家と同じく家督相続者（長男が多い）がほぼ財産も独占する相続、第二は古代・中世以来の分割相続である。このうちやはり後者が本来の姿と考えられ、しかも遺言によるものだ。

たとえば『律令要略』に次のようなルールがある。

D　『律令要略』三〇七条

〔原文〕

跡式《あとしき》相続之物領《そうりよう》を差置《さしおき》、外《ほか》之悴《せがれ》え可譲《ゆずるべし》との遺状《のこしじよう》は不法也

但、遺状慥《たしかなる》成ものニおゐてハ、有金《ありがね》は家督之悴七分外之悴は三分、家財田畑等は家督之

悴可為相続之《これをそうぞくするべし》　（『律令要略』三〇七）

〔現代語訳〕

遺産（家督）を相続するはずの長男を差し置いて、他の息子に（遺産を）譲るという遺言状は不法である。

ただし、遺言状が確かなものである場合、現金は家督を継いだ息子が七分、他の息子は三分、家財田畑などは家督を継いだ息子が相続するべきだ。

ここでは、原則として長男以外の男子への相続を指定した遺言状は不法だとしておきながら、作成手続きに不備のない遺言状ならば、長男以外の男子が家督として遺産相続するのを認めるとともに、他の男子にも少額だが相続を認めているのがわかる。もっとも、女子への相続は記されていない。遺言状による分割相続が行われていたのが確認できる。

あるいは次のような規定もある。

E　『律令要略』三〇八条

〔原文〕

遺状之通《のこしじょうのとおり》家屋敷譲《ゆずり》分《わけ》候《そうらい》ては、跡《あと》致断絶《だんぜついたし》、母は妾ニて外え嫁候《よめいりそうろう》由《よし》、親類雖申出《もうしいずるといえども》、悴無之《これなく》相果候《あいはてそうろう》ものの家財は、母之為心次第《こころしだい》ニ依《より》て、遺状之通母えも跡《あと》式分之《しきこれをわく》

（『律令要略』三〇八）

〔現代語訳〕

遺言状の通りに家屋敷を譲り分ける場合、後継者が断絶し、母親は妾で再婚することを親類が申し出ても、息子がなく死去したものの家財は、母親の心得次第により、遺言状の通り母親へも遺産は分与される。

これは、被相続人の配偶者である「母親」（妾で、しかも再婚の予定がある）にも遺産相続の権利が認められていたことを示すもので、ここでも遺言状の効力が広く認められていたことがわかる。

しかし、幕府法以外の、たとえば文学などの記述では女子の相続も認められていたようだ。たとえば井原西鶴の『世間胸算用』では、後継者が家屋敷などの不動産を相続した上に、現金の五〇％も相続し、次男が三五、三男が一〇％、娘は五％、という割合であったようだ。その他の割合も求められるようだが、かなり少額であるのは間違いないところである。武家の婚姻

の際の「化粧料」に近いものといってよいだろう。このような庶民の財産相続のあり様は、やはり古代の財産相続ルールが中世よりも弱体化しているとはいえ、まだ息づいているといってよいのではないだろうか。

一方、相続人として男子がない場合は、女子が代わりに「家」および財産をともに相続し、婿養子を迎えるということがほぼ通常のあり方として確認できる。その際、養子は家名のみを相続し、家の財産は女子が所有したと考えられる。

ここに紹介した『律令要略』は『公事方御定書』成立以前の法令集なので、江戸時代前半の状況としてほぼ理解できる。江戸幕府法は、一般的には時代が下がるにしたがって男尊女卑的傾向が強まるとされているので、江戸の後期では女子の財産相続はさらに制約が加わったと考えられるだろう。いずれにせよ、近世では庶民の女子の財産相続はかなり制約があったと考えてよいだろう。

ウ　夫婦財産制

武家の夫婦財産制はいうまでもなく夫中心の夫婦別財制といえるものだった。妻にはその所有はほとんど認められていなかったのである。ただし、先に述べたように、婚姻の際の持参金としての化粧料や後家分（未亡人としての生活費）は一定程度、認められていた。

一方、庶民でも武家と同様、夫中心の夫婦別財制といえるものだが、武家と同様に妻にもその所有はそれなりに認められていたようである。

たとえば、『公事方御定書』の下巻二七条に、夫が重罪を犯してその財産が没収される際に、妻の所有財産について次のように言及している。前節で紹介した『御成敗式目』第二一条のルールに類似のものだ。

F 『公事方御定書』下巻二七条

〔原文〕

一 夫仕置《しおき》ニ成、闕所《けっしょ》之節、妻持参金 並《ならびに》 持参之田畑家屋敷も可致闕《けっしょにいたすべき》 所事

但、妻之名付ニ而有之分ハ、不及闕《けっしょにおよばず》 所事（以下略）

（『徳川禁令考』別巻）

〔現代語訳〕

一 夫が処罰され、財産が没収される時、妻の持参した金や田畑家屋敷も没収されること。

ただし、妻名義のものは没収されないこと。

この規定は、夫の犯罪に連座するかたちで、妻の所有財産の処分が定められているものだ。基本的には妻の持参財産も夫の財産とともに没収されたが、妻名義の財産や「諸道具」（この条文の直前に記され、婚姻の際に持参した衣服や化粧道具など）は例外とされ、没収されなかったわけである。おそらく妻名義のものは、現在の「（妻の）特有財産」（夫婦の一方が婚姻前から持っていた財産および婚姻中に自らの名前で取得した財産で、その所有の固有性が顕著な財産）に近いものと認識されていたのだろう。ただ、「妻名義」のものが庶民一般にひろく存在したのかはやや疑問だ。だから、『御成敗式目』第二一条に比べると、妻の所有権は非常に制約されたものとなったといえるだろう。『御成敗式目』は幕府の御家人（とその妻）が対象だった。一方、本条は庶民を対象としたもので、武家のルールがより厳しく庶民に適用されたという点で、その制約の程度はかなり強いものと理解できる。

また離婚などの際には以下のようなルールがみえる。まず、既婚の息子が死去した際の嫁の財産の処置について。

G 『律令要略』三二〇条

〔原文〕

悴相果候《せがれあいはてそうろう》故、娵《よめ》を差戻候《さしもどしそうろう》類は、持参金之不及沙汰《さたにおよばず》、諸道具は可差戻之《これをさしもどすべし》

（『律令要略』三二〇）

〔現代語訳〕

息子が死去したために、嫁を（実家に）戻す場合、持参金は処置するに及ばず（そのままで）、（婚姻の際に嫁が持参した）諸道具などは戻すべきである。

とあり、夫の死去による離婚の場合、妻の持参金は夫側の取り分となり、「諸道具」だけを戻すべきだ、とする。やはり、妻の所有は限定的だといえるだろう。次のようなルールも確認できる。

H　『律令要略』三二一、三二二条

〔原文〕

養子を養父方より帰候《かえしそうら》えは、持参金為返之、養子方より帰候《かえりそうら》えは、持参金取戻之類は願《ねがい》無取上《とりあげなし》

（『律令要略』三二一）

妻之持参金も右ニ准《じゅんず》

但、妻之方より親元え帰候ても、離縁之儀は夫之心次第故、不及裁断《さいだんにおよばず》、離縁以後は持参

金為返之　　（『律令要略』三二二）

〔現代語訳〕

養子を養父の方から（実家へ）帰らせた場合は、（養子の）持参金は返還する。（一方）養子の方から（自らの意思で）帰った場合は、持参金を（養父から）取り戻すのはその願いを取り上げない（つまり持参金は養父の元に止める）。

妻の持参金も右に準じる

但し、妻の方からその親元に帰っても、離婚するか否かは夫の判断次第であるので、裁断するに及ばない。離婚（が成立した）以後は持参金は（妻方へ）返還する。

とあり、養子に準じる形だが、妻の持参金の処置についても規定されている。つまり、離婚に際して、夫側からの離婚であれば持参金は妻の元へ返却されるが、離婚が妻の意思であるならば（その最終判断は夫に委ねられる）、夫の元に止めるというのだ。もっとも、但し書きの部分では反対の処置を認めている。したがって、原則的には持参金の処分は二通りあって、必ずしも妻の特有財産とはみなせないのである。ただし、次条（三二三）のルールによると、持参金が離婚の抑止に働いていた面もあったようだが、離婚の項で説明したいと思う。

さらに次のようなルールも確認できる。

ー『律令要略』三二六条

〔原文〕

女房親元え参居《さんきよし》相果《あいはて》候共《そうらえども》、離別之証拠於無之《これなきにおいて》は、諸道具持参金田畑共ニ不及返之《これをかえすにおよばず》、夫之心次第たり

但、田畑妻之名前ニて差置分《さしおくぶん》は格別か

（『律令要略』三二六）

〔現代語訳〕

女房が親元へ戻っていた際に死去しても、離婚の証拠がない時は、諸道具、持参金、田畑などは（実家に）返還するに及ばない、夫の判断次第である。

ただし、田畑の妻名義のままの分は別の処分か。

先ほどの規定とは異なり、妻の離婚の意思が確認できないまま死去した場合、妻が持参した田畑など（「諸道具」さえも）の処分は夫の意思に委ねられた。ただし、妻名義の田畑はそれらから除外され、実家に返還されたようだ。

以上のように、妻名義が明確なものはおそらく妻の特有財産として認められていたのだろう。しかし、それが不分明な場合は、夫の財産とみなされたわけだ。したがって、庶民の場合でも、妻の所有財産は「諸道具」などに限られたものであったとみなしてよいだろう。その所有権はかなり制約があったと理解できる。

2 婚姻・離婚

ア 婚姻

先にも述べたように、『武家諸法度』は何度かマイナーチェンジが行われたが、天和令が最も長期にわたって実効性を持っていたので、武家の婚姻ルールについてはそれを紹介する。

J 武家諸法度（天和令）

〔原文〕

①国主、城主、壱万石以上、近習 幷《ならびに》 諸奉行、諸物頭 私《わたくしに》 不可結婚姻《こんいんをむすぶべからず》、②惣《すべ》て公家と於結縁辺《えんぺんをむすぶにおいて》は、達奉行所《ぶぎょうしょにたつし》、可受差図事《さしずをうくるべきのこと》

（『御触書寛保集成』武家諸法度之部）

〔現代語訳〕

①国主、城主、一万石以上（の大名）、近習並びに諸奉行（などの旗本）、諸物頭（などの御家人）は私に婚姻を結んではならない。②（また）すべて公家と婚姻関係を結ぶ場合、（管轄の）奉行所に申し出、その指示を受けるべきこと。

とあり、きわめて簡単なルールであった。つまり、大名・旗本・御家人の婚姻はすべて幕府に届け出ることが定められているのみだ。その際、届け出るのは婚姻当事者ではなく、各々の家であり、実際にはそれぞれの当主であった父親だ（婚姻当事者がすでに当主であった場合は婚姻する男性自身）。しかも実際の婚姻が行われた後の届け出は認められず、その婚姻はご破算にされたようだ（『御触書宝暦集成』七九五）。

その他、法としての効力は短かった宝永令では次のような付則がある。

K　武家諸法度（宝永令）

〔原文〕

付、近世の俗、婚を議するに、或は聘財《へいざい》の多少を論し、或は資装《しそう》の厚薄《こうはく》を論し、甚《はなは》しくしてハ貴賤相當《あいあた》らさる者、婚をなすに至る、此等の弊俗《へいぞく》一切に禁絶すへき事

（『御触書寛保集成』武家諸法度之部）

〔現代語訳〕

付則。近年の習俗として、婚姻を考えるに（嫁の）持参財産の多少を論じたり、嫁入り道具の豪華さなどを論じたりして、甚だしい場合には（両家の）家格が同等のものではない者が婚姻に至る、これらの悪しき風習を一切禁じるべきこと。

宝永令に先行する各『武家諸法度』の規定でも、華美な婚姻を禁じるよう度々命じられているが、ここまで詳しい禁令はなかった。統合される以前の『諸士法度』のルールもほぼ同様なので省略する。特に、この宝永令では大名などの家格の序列が持参財産の多少という経済力によって崩されるのを厳しく禁じている。つまり、家督相続と同様の事態が婚姻においても存在していたということだ。江戸中期になると、身分秩序の維持が難しかったことを示しているといえるだろう。

また婚姻スタイルについては、こうした法令では明確に記されてはいないが、嫁取り婚であったことはさまざまな状況から間違いのないところである。

いずれにしても、こうした婚姻形態は中国律令のそれとほぼ同一だ。おそらく婚姻当事者の意思（特に女性の）などはあまり重んじられなかったのだろう。だから、近世の武家の婚姻では古代日本のオリジナルな形式はもはや姿を消して、親の意向を重んじた男尊女卑的・父（男）系的な中国流のものに取って代わられてしまっていたといえる。

次に、庶民の婚姻のあり方も確認しておきたい。しかし、これについてはここまで紹介してきた主要な法令集では直接的な規定は確認できない。したがって、これまで先学が明らかにされてきたことを中心にまとめておく。

・武家と同様に嫁取り婚が主流であったこと。
・支配機構に婚姻の届け出を求められていたこと。
・刑事裁判の判決文などに「夫に随い候身分」という言い回しが頻繁に登場するように、妻は夫に従うべき存在と認識されていたこと。
・妻のみに貞操義務が強く求められたこと。
・夫と同居を求められたこと。

さらに親の強い関与が認められていたのは、次に紹介する『公事方御定書』の下巻四九条で明らかである。

L 『公事方御定書』下巻四九条

〔原文〕

縁談極候《きまりそうろう》娘と不義いたし候もの之事

一 縁談極置候娘と不義いたし候男幷娘共ニ切殺候《きりころしそうろう》親
見届候《みとどけそうろう》段、無紛《まぎれなき》におゐてハ 無構《かまいなし》（以下略）
（『徳川禁令考』別巻）

〔現代語訳〕

縁談が決まった娘と不義を犯したもののこと（親が縁談を決めた娘と、縁談の相手ではない男性が性的関係を持った場合のこと）

一 縁談が決まっていた娘と不義を犯した男、ならびに娘をともに斬り殺した親（について）確認したところ、間違いがなければ（親は）無罪

この規定は、庶民の婚姻においても婚姻当事者の意思を無視し、親の関与が非常に強いものであったことを示している。「娘」と「不義いたし候男」とは相思相愛の恋愛関係にあったの

かもしれない。しかし、こうした男女の意思はほとんど尊重されず、親の意向が優先されたのである。なにしろ親の意思に反した娘とその相手を斬り殺しても親は罪に問われなかったのだから。先に紹介した武家の婚姻とほぼ同様であったとみなしてよいだろう。やはり古代日本の婚姻の姿とは、ほど遠いものとなっているのである。

イ　離婚

武家の離婚ルールについても、本書で紹介している主要な法令集では直接的な規定は確認できない。それゆえ、これまで先学が明らかにされてきたことを中心にまとめることとする。

- 婚姻と同様に、夫婦双方の当主より幕府に届け出ることが必要なこと。
- その届け出は、夫方・妻方両家の協議によって行われること。
- 離縁状は必要とされなかったこと。
- 庶民と同様に、妻の不義密通は厳しく処罰されたと推定できること。
- ただしほとんどの場合、世評を気にして内密に処理されていたと推定できること。

では庶民の離婚ルールについて（さきの夫婦財産制とも重なる）。まず武家とは異なり、『公事方御定書』などにあるように離婚状が作成された（いわゆる三行半《みくだりはん》）。これが作成されないと、再婚も不可能となり、夫婦間の所有財産の処分も紛糾したようだ。以下に『律令要略』の規定を紹介しておく。

M『律令要略』三二三条

〔原文〕

妻之諸道具持参金相返《あいかえす》上は、離別之儀夫之心次第たり

（『律令要略』三二三）

〔現代語訳〕

妻の（持参した）諸道具や持参金を（妻側に）返した上は、離婚のことは夫の判断次第である

本条は一見すると、夫が自由に離婚を判断できるかのような規定にみえるが、そのためには条件が明記されている。つまり、妻の持参財産が処分されない限りその自由はなかったわけで、夫の勝手な意思による離婚を抑えていたとも解釈できるのである。

また、次のようなルールもある。

N 『律令要略』三二五条

〔原文〕

懐胎候《かいたいそうらえども》共、離縁之儀は夫之心次第

但、出産之上、男子は夫之方え可引取《ひきとるべく》、女子は妻之方え可差置《さしおくべし》　（『律令要略』三二五）

〔現代語訳〕

（妻が）妊娠していても、離婚のことは夫の判断次第である

但し、（子供を）出産した上は、男子は夫方へ引き取るべきで、女子は妻方に差し置くべきだ

本条は、三二三条とは異なり、妻が妊娠中であっても夫の意思で離婚できることをルールづけしており、離婚において夫の意向がかなり重んじられていたことがわかる。

一方、妻側からの離婚は以下のような規定がある。

O 『律令要略』三三七条

〔原文〕

夫を嫌《きらい》、家出いたし、比丘尼寺え欠入《かけいり》、比丘尼寺え三年勤之、暇出候《いでそうろう》旨《むね》於訴之は、親元え為引取之《これをひきとる》（『律令要略』三三七）

〔現代語訳〕

（妻が）夫を嫌い、家出し、比丘尼寺へ駆け込み、そこで三年間勤め、（寺から）出ることを許可されたことを訴えれば、（妻を）親元へ引き取ることができる

有名な駆け込み寺についての規定である。

こうしたルール以外に注目せねばならないのは、妻の不貞（密通・姦通）が一方的に追及され、離婚どころか死刑（あるいは獄門や磔《はりつけ》）などのきわめて厳しい処罰が加えられたことである。第二節で紹介した御家人を対象とした『御成敗式目』三四条の規定に比べても、はなはだしい厳罰といえるだろう。『公事方御定書』下巻四八条（密通御仕置之事）には以下のような規定が明記されている。

P　『公事方御定書』下巻四八条

〔原文〕

一　密通いたし候妻　　　　　　死罪
一　密通之男　　　　　　　　　死罪
追加
一　密通之男女共ニ夫殺候ハハ、無紛におゐてハ、無構（以下略）　　　　（『徳川禁令考』別巻）

〔現代語訳〕
一　密通した妻　　　　死罪
一　相手の男　　　　　死罪
追加
一　密通した男女共に夫が殺害した場合、（それが）間違いがなければ（夫は）無罪（以下略）

省略した諸規定でも、不貞をおかした妻（および妾）には獄門や磔《はりつけ》などのきわめて厳しい処罰が加えられるのに対して、夫の不貞は一切問われていない。つまり、夫に従うべき妻が不貞をおかすということは、夫から一方的に離婚する、あるいは所有財産を没収するなどという生易しい処断に終わらなかったのである。江戸時代の封建道徳下では、いわば主君に対する反逆に匹敵するほどの重罪とみなされたわけだ。次章で述べるように、こうした認識が表面的には近代を装った明治民法にも受け継がれたのである。

ちなみに、先に紹介したように『御成敗式目』では庶民に対してはせいぜい罰金刑で、しかも当事者とされた妻と男は同罪だった。それゆえ、江戸時代になると男尊女卑が一層、徹底されていたことが分かる。さらにその源流をたどると、前章で紹介したように、やはり中国の律令（唐律）に行き着く。そのルールでは、夫婦のいずれかが姦通を犯すと妻だけではなく夫も処罰されたが、もちろん死刑などという極刑ではなかった。そのうえ、古代の日本社会はこのルールをそのままでは受け入れていないのではないかと推定されている。だから、この『公事方御定書』の処罰ルールはきわめて激烈なものであり、はなはだしい男尊女卑的ルールと判断してよいだろう。

また、密通した妻と相手の男を殺害した夫が無罪となるのは、男尊女卑的な夫婦関係が広まり始めた古代末期からの「女敵討《めがたきうち》」―妻の密通相手の男（および妻）を殺害した武士は罪を問われないという俗法―に連なるものだ。ところが、本条ではそれを庶民にも適用したわけである。強力な男尊女卑の封建道徳が庶民にまで広げられた一端を示している。

以上のように、近世江戸時代の武家、庶民における男女関係（相続、夫婦財産制、婚姻・離婚）を主要な法令集を通してみてきたが、『御成敗式目』のルールに比べても男尊女卑観念が徹底しているといえるだろう。いいかえれば、この近世において日本社会の男尊女卑が完成したともいえるのである。これらの諸特徴を以下の表11にまとめておこう。

表11　近世武家社会の財産相続・夫婦財産制・婚姻・離婚

	財産相続	夫婦財産制	婚姻	離婚
近世武家社会	財産相続と家督相続が一体化し、長男子の相続が原則となり、女性の相続権はほぼ認められない ※庶民の女性には財産相続権があったようだが、限定的	夫中心の夫婦別財制（妻の所有は限定的） ※庶民でも妻の所有は限定的	・全社会的に親などの関与が強い ・嫁取り婚が普及し、全社会的に妻は夫に従うべきという考え方が広まった ※庶民もほぼ同様	・夫側、妻側両家の話し合いによるものが大半 ・男子は父方に帰属するのが原則のようだ（女子は話し合いによる場合などがある） ・妻の不貞（密通）のみが問題視され厳しく処罰されたと推定できる ※庶民もほぼ同様

第三章　近・現代の男女関係

——男尊女卑から男女平等へ

第一節　明治民法のルール——男尊女卑の強化

1　相続と夫婦財産制

では、西洋社会の近代法典を範にした明治民法（フランス民法をもとに明治二三〈一八九〇〉年に一旦公布されたが、その内容について反対論が多く、ドイツ民法も参照して改正され、明治二九〈一八九六〉年と三一〈一八九八〉年に分離して公布、同年〈一八九八〉に一括施行）の実相を紹介していこう。

まず驚くべきことを指摘する。それは、妻は法律上、無能力者であると明治民法の総則篇にあることだ。その第一四条に

第一四条　妻カ左ニ掲ケタル行為ヲ為スニハ夫ノ許可ヲ受クルコトヲ要ス

とある。「左ニ掲ケタル行為」とは、具体的には借金の保証人となること、不動産の売買を行うこと、訴訟を起こすこと、などが列挙されている。

現代の常識では考えられないことだが、こうした規定がつい百年ほど前の法律に堂々と明記されていたのである。それほど、第二次世界大戦の敗戦を分水嶺として日本社会が大きく変化した、つまり民主主義的社会か否かによる差異が著しい、ということだろう。ただし、いささか弁護すると、こうした規定は後に紹介するように西洋近代の法律では広く見られたもので、明治民法もそれを学んだということなのだ。しかしこの規定は、「妻は夫に従うべし」という鎌倉時代からの男尊女卑的な認識が続いているともいえるだろう。

さて、相続については前代つまり中世・近世武家法からの考え方により、家督（「家」の代表者である「戸主」権ともなる）相続と遺産相続とに二分されて規定された。現代の相続に直接連なるのはもちろん後者だが、前者も複雑に関係していたのだ。だから、家督相続についてまず説明しておこう。

前章で述べたように、家督という概念は武士が主君に仕えるという主従関係と密接な関連がある。ゆえに、封建時代において大きな意味を持っていた。しかし、これを明治の近代法に持ち込み、一般民衆の相続の場をも覆うように規定したのは、中央集権的近代国家の成立を急いだ明治政府の意図があったからだ。つまり、この規定により一般民衆レベルに武士の「家」観念を浸透させ、国家と一般民衆の「家」との関係がまるで主従関係にあるかのように擬装させ、その末端まで政府の意のままに操ろうとしたわけである。国家（天皇）の「臣民」としての日本国民の成立だ。

その結果として、男尊女卑観念も日本社会の隅々にまで広く深く浸透していくことになった。したがって、明治維新は男尊女卑観念が日本社会全体を覆いつくすことを一層、促進したといえるだろう。なにしろ全人口のわずか一〇％弱の武家のルールを全国民に適用したのだから。こうした状況も、明治維新は不完全な近代化であるといわれる所以だ。いうなれば、遺産相続ではなく家督相続こそ明治民法の特質を明白に示すのだ。それゆえに、明治民法の相続篇は、家督相続から開始されているのである。

もっとも、東北地方や西南日本の一部の地域には、「姉家督」（初生子としての長女が「家督」を相続すること）や「末子相続」（末子が「家督」や財産などを相続すること）などの前代からの慣行が存続していたのも事実である。

ア　家督相続

では、家督相続のルールを見ていこう。以下に、その特徴を箇条書きにして示す。

①家督相続人は、原則的に男性の年長者（長男）が優先されていたこと。

第九七〇条の第一項の二に「親等ノ同シキ者ノ間ニ在リテハ男ヲ先ニス」とある。

さらに同条の五に「前四号ニ掲ケタル事項ニ付キ相同シキ者ノ間ニ在リテハ年長者ヲ先ニス」ともある。

②家督相続人は、遺産相続の場において「遺留分」（たとえ正当な遺言などがあっても、一定の相続人に確保されるべき相続分）としてその半額を相続できたこと。

第一一三〇条の第一項に「法定家督相続人タル直系卑属ハ遺留分トシテ被相続人ノ財産ノ半額ヲ受ク」とある。

③家督相続人は戸主として家族の扶養義務を負う一方、誰が所有者かわからない家族の財産の所有が認められたり、家族の居所を決定したり、その婚姻に際して同意する権利までも与えられていたこと。

第七四九条の第一項に「家族ハ戸主ノ意ニ反シテ其居所ヲ定ムルコトヲ得ス」とあり、第七五〇条の第一項に「家族カ婚姻又ハ養子縁組ヲ為スニハ戸主ノ同意ヲ得ルコトヲ要ス」などとある。

④家の祭祀権などは家督相続人が相続すること。

第九八七条に「系譜、祭具及ヒ墳墓ノ所有権ハ家督相続ノ特権ニ属ス」とある。

遺言や親族会による家督相続人の選定なども行われたが、これらの原則は遵守されねばならないものであった。

やはり、男尊女卑的な規定であることは疑いない。特に、②は注意すべきものだ。つまり、遺産の半額を相続できるということに惑わされてはならず、これは最低限の保証であり、家督相続は単独相続でもあることから、現実には家督相続人である長男一人が遺産の大半を相続するのが一般的であったようである。ほかの子女たちは相続を放棄させられていた。前代からの武家の家督相続の実態が、法の強制により一般民衆レベルにまで広まっていったわけだ。そうした点に注目すると、明治民法の制定は日本社会における男尊女卑の歴史のなかで、一つの画期であったといえるだろう。

ここで、近代の天皇位の継承（いわば天皇家の家督相続）についても見ておこう。日本ではじめて皇位継承ルールを明文化した明治の皇室典範（一八八九年制定）では、前代の江戸時代までは認められていた女性天皇の存在は否定され、「男系男子」という男性皇族のみの継承しか認められなくなった。この決定に至るまでにかなり紆余曲折があったようで、もちろん前代までの慣行から女性皇族の即位を認める案もあった。しかし、当時の政治・社会的リーダーは下級の武家出身者が大半で、男尊女卑的な発想から脱却するのは難しく、結局、皇位継承の場でも女性は排除された。つまり、ここまでに紹介した民法の家督相続のルールに類似するものになったわけである。ちなみに、このルールが現代の皇室典範にまで続いているのだ。

イ　財産相続

次に、財産相続の特徴を以下に示す。

①妻などの配偶者は、基本的に相続人として第一位ではなかったこと。

第九九四条に「被相続人ノ直系卑属ハ左ノ規定ニ従ヒ遺産相続人ト為ル」とあり、第九九六条の第一項に「前二条ノ規定ニ依リテ遺産相続人タルヘキ者ナキ場合ニ於テ遺産相続ヲ為スヘキ者ノ順位左ノ如シ

第一　配偶者

第二　直系尊属

第三　戸主」とあり、死亡した個人（被相続人）の遺産相続の順位は直系の卑属（子や孫）が第一位となっていた。つまり、子や孫などがない場合に限り、配偶者が相続人たり得たのである。

②直系の卑属において男女の差別はなかったこと。ただし、嫡出子と非嫡出子との間に差別があったこと。

第一〇〇四条に「同順位ノ相続人数人アルトキハ其各自ノ相続分ハ相均シキモノトス但直系卑属数人アルトキハ嫡出ニ非サル子ノ相続分ハ嫡出子ノ相続分ノ二分ノ一トス」とあり、非嫡出子は嫡出子の二分の一とされた。ただし、これは昭和一七〈一九四二〉年の改正によるもので、それ以前は「嫡出ニ非サル子」が「庶子及ヒ私生子」となっていた。

③遺言が広く認められていたこと。

第一〇六四条に「遺言者ハ包括又ハ特定ノ名義ヲ以テ其財産ノ全部又ハ一部ヲ処分スルコトヲ得但遺留分ニ関スル規定ニ違反スルコトヲ得ス」とある。

このうち、③の遺言に関する規定が根拠となり、家督相続人である長男が遺産の全てを相続し、そのほかの子女は相続を放棄していた場合が多かったようである。結局、②などは有名無実となっていたようだ。そして、やはり①のように配偶者たる妻は相続の場から排除されていたのも、戦前の実情であったようである。だから、寡婦（未亡人）は子（長男）に扶養されるものとなり、「老いては子に従う」ことにならざるを得なかったのだ。家督相続のルールが遺産相続を覆っていたといってよいだろう。

ウ　夫婦財産制

次に、夫婦財産制について。以下に三点指摘する。

①一応、夫婦別財制の建前をとっていたこと（実質的には夫が中心）。

第八〇七条の第一項に「妻又ハ入夫カ婚姻前ヨリ有セル財産及ヒ婚姻中自己ノ名ニ於テ得タル財産ハ其特有財産トス」とある。ただし同条の第二項に「夫婦ノ孰《いず》レニ属スルカ分明ナラサル財産ハ夫又ハ女戸主ノ財産ト推定ス」ともあり、実質的には夫の優位が示されていた。

②夫が妻の財産を管理していたこと。

第八〇一条第一項に「夫ハ妻ノ財産ヲ管理ス」とある。さきに紹介した総則篇の第一四条に対応したものだ。

③夫が妻の所有財産を運用し、その利益も得られたこと。

第七九九条の第一項に「夫又ハ女戸主ハ用方ニ従ヒ其配偶者ノ財産ノ使用及ヒ収益ヲ為ス権利ヲ有ス」とある。

ご覧の通りで、夫の優位はまちがいないだろう。なにしろ妻は法的に無能力者なのだから。もちろん西洋近代の影響ではあるが、近世の武家社会の考え方に近いものでもあった。それゆえに、夫婦財産制の建前では、夫婦各々が「特有財産」の所有を認められていたのだが、結局は夫が妻の「特有財産」の管理を担い、それを運用し、その利益をも得られたのである。つまり、明治民法の夫婦財産制の実質は、明確に夫中心の夫婦別財制とみなせるのである。

以上のことを表12にまとめておく。

表12　明治民法の相続・女子相続権・夫婦財産制

相続	・家督相続では長男が優先 ・遺産相続では男女が平等（しかし実態ではない）
女子の相続権	・家督相続では認められていなかった ・遺産相続では認められていた（しかし実態ではない） ・配偶者としての妻の相続権は常に認められるものではなかった
夫婦財産制	夫中心の夫婦別財制（妻は法的に無能力者）

2 婚姻・離婚

ア 婚姻

婚姻についても、その特徴を以下に箇条書きとして示す。

①男女当人が一定の年齢に満たない場合、父母の同意が必要であったこと。

第七七二条の第一項に「子カ婚姻ヲ為スニハ其家ニ在ル父母ノ同意ヲ得ルコトヲ要ス但男カ満三十年女カ満二十五年ニ達シタル後ハ此限ニ在ラス」とある。

②戸主も男女当人の婚姻に関与したこと。

第七八三条に「第七百七十二条ノ規定ニ違反シタル婚姻ハ同意ヲ為ス権利ヲ有セシ者ヨリ其取消ヲ裁判所ニ請求スルコトヲ得同意カ詐欺又ハ強迫ニ因リタルトキ亦同シ」とある。第七五〇条の第一項に対応するものだ。

③婚姻により妻は夫の家の一員となったこと。

第七八八条の第一項に「妻ハ婚姻ニ因リテ夫ノ家ニ入ル」とある。近世のルールそのままである。

④届け出婚であったこと。

第七七五条の第一項に「婚姻ハ之ヲ戸籍吏ニ届出ツルニ因リテ其効力ヲ生ス」とある。

⑤女性の再婚には、一定の期間をおくこと。

第七六七条第一項に「女ハ前婚ノ解消又ハ取消ノ日ヨリ六箇月ヲ経過シタル後ニ非サレハ再婚ヲ為スコトヲ得ス」とある。

以上の諸特徴が指摘できる。夫が中心で、男尊女卑的なルールといえるだろう。さらに、男性が三〇歳未満、女性が二五歳未満という条件はあるが、親ないしは戸主の同意を必要としている。これは、第一章で紹介した近代以前の中国の婚姻を想い起こさせる。さらに妻は夫の家の一員になったのである。「家」というものの存在がはっきりと確認できる。中世・近世の武家社会の婚姻スタイルであった嫁取り婚（＝夫方同居婚）が近代的な法律のうえでもはっきりと規定されたわけである。

イ　離婚

離婚についても、以下にその特徴を掲げる。

①協議上の離婚では、親や戸主の同意を必要としたこと。

第八〇九条に「満二十五年ニ達セサル者カ協議上ノ離婚ヲ為スニハ第七百七十二条及ヒ第七百七十三条ノ規定ニ依リ其婚姻ニ付キ同意ヲ為ス権利ヲ有スル者ノ同意ヲ得ルコトヲ要ス」とある。

②協議上の離婚では、子の監護者を誰にするか話し合いがつかない時、原則として父親が子の監護者となったこと。

第八一二条の第一項に「協議上ノ離婚ヲ為シタル者カ其協議ヲ以テ子ノ監護ヲ為スヘキ者ヲ定メサリシトキハ其監護ハ父ニ属ス」とある。

③裁判上の離婚では、妻の不貞のみがその要因とされたこと。

第八一三条に「夫婦ノ一方ハ左ノ場合ニ限リ離婚ノ訴ヲ提起スルコトヲ得」とあり、その二に「妻カ姦通ヲ為シタルトキ」とある。夫の不貞については同条の三に「夫カ姦淫罪ニ因リテ刑ニ処セラレタルトキ」とあり、その行為が刑事罰の対象となった場合に限られた。現在では考えられないほどの、顕著な差別だ。やはり中・近世のルールの継続といってよいだろう。ただし、実際の裁判ではあまりに差別が過ぎるので、ほとんどこの規定は考慮されなかったようだ。ちなみに、刑法でも「有夫ノ婦」(夫のある女性)のみが姦通罪に問われた。

④夫の親などから妻への虐待などがあった時に離婚を提起することができたが、なだめすかされたりすると提起できなかったこと。

同条の七に「配偶者ノ直系尊属ヨリ虐待又ハ重大ナル侮辱ヲ受ケタルトキ」とあるが、第八一四条の第二項に「前条第一号乃至《ないし》第七号ノ場合ニ於テ夫婦ノ一方カ他ノ一方又ハ其直系尊属ノ行為ヲ宥恕《ゆうじょ》シタルトキ亦同シ（離婚を提起できないこと）」としている。まさに嫁としての妻は、夫の両親に従わざるを得なかったのだ。

離婚は、協議上の離婚と裁判上の離婚とに二分され規定されていた。しかし、婚姻と同様に男尊女卑的なルールといわざるを得ないだろう。離婚の際の子の帰属は、夫が原則であった。また、親ないしは戸主の同意が必要という点も同じだ。さらに妻と夫の両親とのいさかいも想定されており、当時の立法者は社会の実情をそれなりに承知していたともいえるだろう。それにしても③の規定は男女差別があまりに露骨だ。もちろん、この規定の背景には、江戸（鎌倉）時代に妻の不貞のみが厳罰の対象となったことが考えられる。いずれにせよ、離婚のルールは婚姻のルールに対応したものといえるだろう。

以上のことを表13にまとめる。

表13　明治民法の婚姻・離婚

婚姻	・親や戸主の関与があること ・嫁取り婚が中心で、妻は夫の家の一員となること ・再婚に際して、女性の側だけ一定の期間をおくこと
離婚	・親や戸主の関与があること ・子の監護は原則として夫であること ・裁判上の離婚では妻側の不貞のみ要因とされたこと（刑法でも妻の不貞のみが処罰された） ・夫の両親から妻が虐待を受けても、なだめすかされると訴えられないこと

このように、明治民法の相続・夫婦財産制・婚姻・離婚のいずれの規定をとってみても、見事なまでに男尊女卑的な考え方が貫かれていた、といえるだろう。もちろん一部には西洋近代の影響も認められたが、多くは前代（江戸・鎌倉時代）の武家社会からの影響で、しかもそれが一般民衆レベルにまで拡大・深化され、全社会を覆いつくしたという点に注目するべきである。ここに、前代からの男尊女卑的社会が一段と強化されたともいえるのだ。だから、われわれのイメージする、悪しき伝統としての男尊女卑的日本社会は、法のルールを見るかぎり、たかだか百年少々しか経過していないのである。

さらに、序章の一覧にも加えたように、江戸時代から戦前までという長期間、出産や月経に伴う女性に対するケガレ観が、各地域に濃淡ありとはいえ民間習俗に表れていた。詳細は拙著『女性と穢れの歴史』で述べたので、そのあらましを簡単に紹介しておこう。

そもそも女性に対するケガレ観は、第二章で述べたように、おそらく平安時代の後半期に宮廷祭祀から女官などが遠ざけられたことから始まったと推定できるだろう。その後、中世に武家政権が成立して男尊女卑観念が強まると、各地域の有力な神社の参拝規則集（「服忌令」などという）に、女性の参拝に対して様々な規制が加えられていたことが確認できる。さらに近世の江戸時代になると、こうした規制だけではなく女性の日常生活にまで拘束が広まったようだ。つまり、出産前後には産屋にこもったり、毎月の月経時には月経小屋（多くは産屋と同一の施設であったらしい）で日常生活を営んだり、あるいは酒造りの空間から遠ざけられたりして、神聖な空間はもとより日常空間からも一定期間遠ざけられたようだ（「赤不浄」などと呼ばれた）。神事一般から女性が排除されていったのも、こうした習俗の一環だと考えてよいだろう。その一部は現在でも残存しており、祭りの神輿を女性は担げない、相撲の土俵に女性は上がれない、などという風習が確認できる。

しかしながら、現在ではさすがにこうした習俗の大半を目にすることはなくなったといえる状況だ。次節に述べるように、民法の改正によって男尊女卑的な社会状況が徐々に後退させられていったからだろう。

第二節　現行民法のルール――建前は男女平等に

1　相続と夫婦財産制

ア　財産相続

前節で詳しく紹介したように、明治民法親族篇・相続篇の明白な男尊女卑的な規定は、天皇を頂点とした立憲君主制国家（その実態は昭和に入り絶対君主制国家に近づいていったと考えられる）を根底で支えるものだった。そのことを仮想敵国であった日本に対する戦前からの克明な研究により、合衆国政府とGHQ（連合国軍総司令部、実質はアメリカ占領軍）は見抜いていたゆえに、憲法の改正とほぼ同時に民法全体ではなく親族篇・相続篇の早急な改正に取りかからせたわけである（男女平等を唱える日本国憲法との整合性を確保する上でも）。前近代的な主従関係に結びつく、男尊女卑的な様々なルールを排除しようとしたわけだ。きわめて正しい認識だったといえるだろう。

もちろん敗戦直後の日本の為政者たちは、天皇を中心とした国体護持にだけ関心を向けており、親族篇・相続篇の改正など思いもよらなかっただろう。したがって、まさにGHQによる「押しつけ」的改正という側面が強かった。たしかに、実務を担う法学者たちのなかにはその改正を歓迎する動きもあった。だから、彼らは保守派と激論を交わしつつ、新憲法との整合性を前面に押し立て、一九四七年に親族篇・相続篇のほぼ全面的な改正にこぎ着けることができたのである。

では、具体的なルールを見ていこう（以下の各条文は、一九四七年に改正されたもの）。まず相続だが、明治民法で最も問題視された家督相続はすべて削除され、遺産相続だけのすっきりしたルールとなった。

やはりその特徴を箇条書きとして示す。

①被相続人の子（孫）が相続人となるのは明治民法と変わらないが、配偶者が常に相続人となることが明記されたこと。

第八九〇条に「被相続人の配偶者は、常に相続人となる。この場合において、前三条の規定によって相続人となるべき者があるときは、その者と同順位とする」とあり、被相続人の子（孫）、直系尊属、兄弟姉妹などと同順位を認められた。

②法定相続では、被相続人の子（孫）、直系尊属、兄弟姉妹などの男女差別がなくなったこ

と。ただし、嫡出子、非嫡出子の区別はあった。

第九〇〇条に「同順位の相続人が数人あるときは、その相続分は、左の規定に従う。

一　子及び配偶者が相続人であるときは、子の相続分及び配偶者の相続分は、各二分の一とする。

二　配偶者及び直系尊属が相続人であるときは、配偶者の相続分は、三分の二とし、直系尊属の相続分は、三分の一とする。

三　配偶者及び兄弟姉妹が相続人であるときは、配偶者の相続分は、四分の三とし、兄弟姉妹の相続分は、四分の一とする。

四　子、直系尊属又は兄弟姉妹が数人あるときは、各自の相続分は、相等しいものとする。但し、嫡出でない子の相続分は、嫡出である子の相続分の二分の一とし、父母の一方のみを同じくする兄弟姉妹の相続分は、父母の双方を同じくする兄弟姉妹の相続分の二分の一とする。」とあり、配偶者などの相続分が明記されている。

③遺言も明治民法と同じく広く認められたこと。

第九六四条に「遺言者は、包括又は特定の名義で、その財産の全部又は一部を処分することができる。但し、遺留分に関する規定に違反することができない」とある。

④遺留分としてその割合が記されたこと（明治民法にあった長男の優遇は削除された）。

第一〇二八条に「兄弟姉妹以外の相続人は、遺留分として、左の額を受ける。

一　直系尊属のみが相続人であるときは、被相続人の財産の三分の一

二　その他の場合には、被相続人の財産の二分の一」とある。

このように、子（孫）において男女差別や長幼差別がなくなり、配偶者も常に相続人たり得ることとなった。もちろん女子の婚姻の有無も問われない。家督相続が排除されたことにより、民主主義に則した男女平等的な相続規定が実現され、妻たる配偶者も常に相続権が認められたわけである。遺留分の規定においても長男（家督相続者）の優位は削除された。

イ　夫婦財産制

次に、夫婦財産制について。以下に二点指摘する。

①夫婦別財制が基本となっていること。

第七六二条第一項に「夫婦の一方が婚姻前から有する財産及び婚姻中自己の名で得た財産は、その特有財産とする」とある。

②所有者が不明な場合は、明治民法では夫の所有と推定されたが、夫婦の共有と推定されると変更されたこと。

同条の第二項に「夫婦のいずれに属するか明かでない財産は、その共有に属するものと推定する」とある。

明治民法が実質的に夫中心の夫婦別財制であったのが、明らかに夫婦対等のものとなったのである。

以上のことを表14にまとめる。

表14　現行民法の財産相続・女子の相続権・夫婦財産制

財産相続	男女が平等に相続する
女子の相続権	・子として認められた ・配偶者としての妻の相続権は常に認められた
夫婦財産制	夫婦対等の夫婦別財制

2　婚姻・離婚

ア　婚姻

婚姻についても、その特徴を以下に箇条書きとして示す。

①明治民法にあった親や戸主の関与はなくなった。ただし、未成年者の婚姻には、父母の同意が必要とされること

第七三七条の第一項に「未成年の子が婚姻をするには、父母の同意を得なければならない」とある。明治民法に比べると、親の関与が小さくなったといえるだろう。

②明治民法のように婚姻により妻は夫の家に入るという規定はなくなったが、夫婦の氏の規定が曖昧であること。
第七五〇条に「夫婦は、婚姻の際に定めるところに従い、夫又は妻の氏を称する」とあり、夫婦別姓を認めるのか否か、現在も議論の対象となっている。

③やはり届け出婚であること。
第七三九条の第一項に「婚姻は、戸籍法の定めるところによりこれを届け出ることによって、その効力を生ずる」とある。

④女性の再婚には、一定の期間をおくこと。
第七三三条の第一項に「女は、前婚の解消又は取消の日から六箇月を経過した後でなければ、再婚をすることができない」とあり、第二項に「女が前婚の解消又は取消の前から懐胎していた場合には、その出産の日から、前項の規定を適用しない。」とある。

このように、婚姻についての現民法の特徴は、戸主の関与がなくなったこと、妻が夫の家の一員になるという規定がなくなった、という二点である。ほかはあまり大きく変更されず、特に第七五〇条の規定は現時点において、夫婦の別姓という観点から様々な議論が行われている。

婚姻スタイルは明記されていないが、嫁取り婚以外のものも増えているだろう。すでに紹介したように、漫画『サザエさん』のマスオさんのような婿取り婚的な形態をはじめとして様々なものがあるようだ。なかでも近年は夫方、妻方には同居せずに新たな住まいで婚姻生活を始めるというスタイル（新処居住婚などという）が増加しているのはまちがいないだろう。

イ　離婚

離婚についても、その特徴を以下に箇条書きとして示す。

①協議上の離婚について、親や戸主の同意は必要でなくなったこと。

②協議上の離婚では、子の監護者の協議がまとまらない時は家庭裁判所が決定することになったこと。

第七六六条の第一項に「父母が協議上の離婚をするときは、子の監護をすべき者その他監護について必要な事項は、その協議でこれを定める。協議が調わないとき、又は協議をすることができないときは、家庭裁判所が、これを定める」などとある。

③離婚による財産分与の請求が夫婦ともに認められたこと。第七六八条の第一項に「協議上の離婚をした者の一方は、相手方に対して財産の分与を請求することができる」とあるが、裁判上の離婚にも準用される（第七七一条）。

④裁判上の離婚において、その要因としての不貞が夫婦各々に認められたこと。第七七〇条の第一項に「夫婦の一方は、左の場合に限り、離婚の訴を提起することができる」とあり、その第一号に「配偶者に不貞な行為があったとき」とある。明治の刑法にあった「有夫ノ婦」（夫のある女性）のみが姦通罪に問われるという規定も、男女平等を旨とした日本国憲法との整合性から一九四七年に廃止された。

以上のように、離婚において現在のルールでは夫と妻が対等に近い関係であることがよくわかる。親や戸主の関与がなくなり、夫婦財産の分与が認められ、子の監護についても両者の協議に委ねられるようになった。

これらを表15にまとめておく。

表15　現行民法の婚姻・離婚

婚姻	・戸主の関与がなくなり、親の関与も弱まったこと ・夫婦の氏の規定が曖昧なこと ・再婚に際して、女性の側だけ一定の期間をおくこと ・嫁取り婚が主流ではない
離婚	・親や戸主の関与がなくなったこと ・子の監護は夫婦の協議によること ・裁判上の離婚では夫婦双方の不貞が要因とされること ・離婚による財産の分与が夫婦双方に認められていること

最後に、明治民法と現民法のルールを比較しやすいように、四つの項目すべてを表16にまとめておく。

こうして一覧化すると、明治民法と現民法との相違が一目瞭然である。つまり、明治民法の男尊女卑ぶり（特に相続、夫婦財産制、離婚などにおいての）があからさまに理解できるだろう。しかしながら、戦後の日本社会の実情には、必ずしも改正された民法の規定通りには進まな

表16　明治民法と現行民法の比較

	明治民法	現民法
相続	・家督相続では長男が優先 ・遺産相続では女子の相続は認められていた（しかし実態ではない）	・男女が平等に相続できる（家督相続の規定は削除）
夫婦財産制	・夫中心の夫婦別財制（妻は法的に無能力者）	・夫婦対等の夫婦別財制（妻も法的な能力を持った）
婚姻	・親や戸主の関与がある ・妻は夫の家の一員となる（嫁取り婚＝夫方同居婚）	・親の関与は弱まった（戸主の関与はなくなった） ・夫婦の氏の規定は曖昧 ・嫁取り婚以外のものも多い
離婚	・親や戸主の関与がある ・子の監護は原則として夫である ・裁判上の離婚では妻側の不貞のみが要因とされた（刑法でも妻の不貞のみが処罰された） ・夫の両親から妻が虐待を受けてもなだめすかされると訴えられない	・親や戸主の関与はなくなった ・子の監護は夫婦が協議する ・裁判上の離婚では夫婦双方の不貞が要因となった ・離婚による財産の分与が夫婦双方に認められた

い一面があった。それを最も明瞭に示したのが、農家（農地）の相続を巡る問題であった。すなわち、戦後の農地改革で小規模の自作農が一気に増えたが、それを次世代に継承する際に問題が生じるのだ。つまり、改正された民法の均分相続（子としての兄弟姉妹が均等に相続すること）を適用したのでは、農地が一層細分化されてしまい経営が成り立たない恐れが生じる。そこで、戦後のかなり早い時期から農林省を中心にその対策が検討された。

戦前の長子相続を復活させようとする保守派の目論見もあったようだが、さすがにそれは阻止され、改正された民法と整合性が取れる方策が種々提案・検討され、さらには農村の実態調査なども行われた。その結果、農家自らの対応で、農業を継承しない子としての相続人に、相続以前に様々な財産の移譲（もちろん土地は除外される）を認める方向で事態は収束されていった。つまり、農業を継承しない子に親が物的な生前譲与を積極的に行う、ということで決着が図られたのである。その際には、一部、相続権の放棄も求められただろう。こうした方策を講じることにより、なんとか農地の細分化が食い止められたわけである。

ところが、実際に農業を継承する人の八割弱が長男だった（一九六九年の農林省の調査）。したがって、農家の相続は、実質的に戦前とあまり変わらない状況となっていた。もちろん、長男以外の子女には親から生前譲与が行われたはずだが、それがどの程度行われるのかは各家の経済状況次第である。経済的な余裕がなければこうした譲与は行われず、相続の対象は農地のみとなり、結局は長男の独占となった場合もあっただろう。相続人が自発的に相続権を放棄するということも起こっただろう。こうした状況が高度経済成長の到来にともない農業経営が大きく変わる、一九六〇年代まで継続したわけである。

したがって、農村を中心とした地域の人々にとり、戦後に民法の家族法分野が改正されたとはいえ、戦前からの長子相続という家督相続的意識は簡単には解消できないこととなったのである。しかも、このような意識を持った農村部の人々は、一九六〇年代以降、大量に都市へ流入し、新たな都市住民を形成した。もちろん、似たようなことは都市部の商家の相続でも起こりえたことだろう。商店の営業権などというものも農地ほどではないにせよ、分割しにくいものだから。その上、明治民法が施行されて敗戦による家族法分野の改正までほぼ五〇年という時間が経過していたので、各家での相続の機会は二回程度あったと考えてよいだろう。したがって、こうした相続観はそれなりに定着していたはずである。このように、明治民法の家督相続的な相続観は、戦後でもかなり多くの人々の意識に残り続けたわけである。

そして、人々の意識のなかにはもちろん家督相続的な財産相続観念だけではなく、それを含む男尊女卑的な観念も存続したはずである。やはり、男尊女卑観念を構成するもののなかで財産の相続という経済的な要素がきわめて大きいと判断できるからだ。

こうして、一九六〇、七〇年代ころまでは男尊女卑的観念は戦後の日本人から簡単には排除できない状況であったようだ。残念ながら、家族法分野の改正があったからといって、日本社会で男女平等意識が一気に、しかも広範囲に実現したわけではない、ということである。こうした状況が現代にも若干は続いているといえるだろう。

ところがしかし、近年（二〇一五年）の都市部中心の民間調査によると、このような状況も男女平等に近づく方向で変化しつつあるようである。つまり、北陸などの一部の地域では男子の相続（長男による相続などか）による相続放棄という状況がかなり残っているが、おおむね現民法のルールに即した形で相続が行われていると考えてよい、種々のデータが公表されている。つまり、不動産の相続では男子が主な相続者となるケースが多いのだが、そうした場合でも女子には相応の動産が割り当てられており、戦前の相続とはかなり様相が違ってきている。家族法分野の改正からほぼ七〇年、やはり相続そのものが二世代にわたって行われ、新しいルールが定着してきた結果であろう。

第三節　近・現代の西洋諸国のルール

最後に比較のために、近・現代の西洋諸国のルールを見ておこう。ただし、この節では記述の都合上、相続と夫婦財産制、婚姻・離婚を各国毎にまとめて紹介したいと思う（門外漢なので誤りがないように留意するが、やはり不十分なものに終わることは了解してほしい)。

1 フランス

まず、フランスの状況から見ていこう。先に述べたように、明治民法はフランスの法制度を大いに学んだからだ。しかも、一九世紀初めに制定されたいわゆるナポレオン法典が、その後の世界各国の近代法制定に多大な影響を与えたからでもある。

そもそもナポレオン法典とは現代にも連なるフランス民法典のことで、制定当初から幾度も改正されて現代に至っている。なかでも所有権の絶対、個人主義、自由主義などの原理を尊重したものとして、その法理念は現代にも生き続けているのである。

さて、相続から紹介していこう。ナポレオン法典が制定される以前は北部地域と南部地域の相続は異なっていたようで、北部は分割相続、南部は遺言による相続(実質は長男による一子相続)と分裂していた。ナポレオン法典はそれを統一し、男女差別のない諸子の均分相続を法定相続と定め、遺言による相続をかなり制約した。ところが、妻は法的には無能力者で、夫の死去による配偶者相続権も認められていなかった。夫が家長で妻を保護するという伝統的な考え(家父長制)から脱却できていなかったのである。

それゆえ、この二点はその後の改正作業を通して見直されていくこととなった。つまり、妻の法的能力が認められたのは一九三八年の時点で、妻（配偶者）の相続権が認められたのは、なんと第二次世界大戦後の一九五八年で、日本よりも遅かったのである。さらに、一九六五年の改正により夫婦の対等性がようやく実現された。

こうした状況だったので、夫婦財産制は夫中心の夫婦同財制であったとみなされている。現にナポレオン法典の制定以前は、夫が共有財産の処分権などを持つだけではなく、妻の特有財産の管理・運用権まで所持していた。

次に、婚姻・離婚について。まず婚姻については、伝統的に親の同意が必要であり、ナポレオン法典でもそれは明記されていた（男性は満三〇歳まで、女性は二五歳まで親の同意や助言を必要とした）。一方、離婚はキリスト教の影響により、原則的には認められていなかったが、やはりナポレオン法典により、親などの同意を前提に協議離婚などが認められた。また、姦通に関しては、やはり妻側に重い罰則が刑法典に定められていたようだ。婚姻スタイルも嫁取り婚（夫方同居婚）であったろう。

この状況が、まず一九三三年に婚姻における親の同意権が削除されることによって改められ、離婚は一九七五年にいたって、ようやく親の同意権も必要ない夫婦対等の離婚が認められるようになったのである。

このように、法制度における男女関係の四項目を見ると、フランスは一定期間、戦後直ぐに家族法分野が改正された日本より男尊女卑的であったといえるだろう。

2 ドイツ

次に、ドイツの相続について。近世までは各地域ごとにかなり細分化されたルールがあったようだが、一九〇〇年にドイツ民法典が施行された。それによると、ナポレオン法典とほぼ同様で、子としての相続は男女の区別のない均分相続だったが、配偶者の相続権は子とともに相続する場合は四分の一を認められた。さらに、配偶者相続権は、一九五八年施行の男女同権法で子とともに相続する場合は二分の一まで引き上げられた。戦後直ぐに改正された日本民法の配偶者相続権に比べると、やはり改正が遅れていたわけだ。

夫婦財産制については、さまざまなタイプがあったようだ。ドイツ民法典では、妻の持参財産の管理・運用の権利が夫に認められた管理用益制と別財制の二つが、法定財産制として定められた。前者が通常のものだが、夫が妻の持参財産の処分まではできなかったようだ。また、妻自身が自らの労働で得た所得などは「留保財産」として妻自身の処分は認められていた。それが、一九五三年に夫婦別財制が法定財産制となり、一九五八年の男女同権法によって、婚姻の継続中に増額した財産に対して妻の所有権が大きく認められることとなった。

次に、婚姻・離婚について。両者ともにフランスのそれとほぼ類似のものであったと考えてよいだろう。やはり、婚姻において親の同意が一定の年齢に達していないと必要だった。たとえば、一八七五年のライヒ民事婚法では、男子が二五歳未満、女子が二四歳未満の場合、父の同意が婚姻成立の条件だったようだ。婚姻スタイルもほぼ嫁取り婚だったと考えられる。

離婚については、ドイツ民法典では婚姻破綻の原因の有無による有責主義が原則で、子の監護権は無責の側にあった。一方、婚姻の客観的な状況を重んじて当事者同士の協議による協議離婚は認められていなかった（現在も裁判による離婚が原則）。これが一九三八年になると、婚姻の客観的な破綻状況を重視する破綻主義の考え方が大幅に採り入れられたようである。

3　イギリス

では最後に、イギリスの概要を紹介する。

まず相続から。やはり一九世紀の後半まではコモン・ローによる長男の単独相続制（不動産）で、配偶者としての妻の相続権はなく、妻は法的にも無能力者であったようだ。それが、一八七〇年以降の既婚婦人財産法の何度かの改正により、一九三五年に妻の法的能力が認められ、夫婦別財制の原則が確立された。そして、一九二五年の遺産管理法により配偶者の相続権が明確に認められ、一九五二年の無遺言者遺産法によって、さらに確固たるものとなったようである。これは、フランスやドイツに比べると、早い時期での改正といえるだろう。

婚姻と離婚について。婚姻は、コモン・ローにおいて親の同意は重んじられなかったようだ。しかし、一八世紀の半ばに女子の所有財産保護のため親の同意が一旦は必要とされたが、一八二三年の婚姻法により廃止された。婚姻スタイルも嫁取り婚（夫方同居婚）であったろう。一方、離婚については、一八五七年の法により教会の管轄から離れ、姦通が唯一の要因として世俗的な離婚が認められた。だが、やはり妻の姦通は夫のそれに比べると厳しく扱われ、姦通以外の要素がなければ離婚の要因とはみなされなかったようだ。姦通に関して夫婦の対等性が確保されたのは、一九二三年になってからである。

以上のように、西洋諸国の代表としてフランス、ドイツ、イギリスの状況を不十分ながらも概観した（アメリカ合衆国は各州ごとのルールとなっているので省略したが、イギリスのルールに近い州が多いようだ）。相続と夫婦財産制、婚姻・離婚の四要素の改正は、意外なことに戦後日本の家族法分野の改正よりも遅い場合のあったことが確認できるだろう。男尊女卑的な社会から男女平等的なそれへの改正は、イギリス以外の二国では日本の状況とさして変わらなかったようだ。といっても、日本の改正は何度も記すようにＧＨＱの「押しつけ」によるものだったのだが。

したがって、いわゆる先進国といわれる代表的な国々でも、つい最近までは男尊女卑的な社会であったと考えられるのである。特に、西洋社会の「レディー・ファースト」などという日常のマナーに惑わされてはならないわけである。

このように、先進文明国であるヨーロッパ諸国（アメリカ合衆国も）や中国は、近代以前ではほぼ男尊女卑的な社会であったとみなせることになる。それに比べると、古代日本社会の特徴（男尊女卑的ではない）はきわめて異質なものであったわけである。ここにおいて再び、その社会の根底の親族組織に目を向け、父（男）系制ではない双方（系）制という原理に留意しなければならないことになるだろう。

大雑把に整理すると、大陸（南北アメリカやアフリカも）の諸民族は、ほぼ継承ラインの明確な父（男）系制（一部の地域では母〈女〉系制もあった）、一方、大陸の周縁部（日本も含む太平洋西岸の島嶼部や東南アジアなど）の諸民族は継承ラインの曖昧な双方（系）制、というように理解できるのではないだろうか。

そして、継承ラインが父（男）系に偏ると男尊女卑的な社会に、それが曖昧だと男女平等的な社会に各々連なると推論するのは、歴史的変化をまったく考慮しないので飛躍かもしれないが、あながち大きな誤りとはいえないような気もする。

最後に、近代以前の中国および西洋社会と古代の日本社会の各々の特徴を表17にまとめておく。

表17　近代以前の中国社会および西洋社会と古代日本社会の比較

	財産相続・夫婦財産制	婚姻・離婚	親族組織原理
近代以前の中国（唐）社会	・男性中心 ・配偶者（妻）の相続は不可 ・夫中心の夫婦同財制	・婚姻契約の主体は男女当人ではなく父親（祖父） ・婚姻形態は嫁取り婚 ・離婚の主体は夫及びその親族 ・「姦（通）」に対する処罰あり（夫と妻が各々処罰されたが、妻の方が重い）	父（男）系制
近代以前の西洋社会	・男性中心（女子の相続を認める地域もあった） ・配偶者（妻）の相続は不可 ・夫中心の夫婦同財（別財）制	・父が主体か？ ・婚姻形態は嫁取り婚 ・「姦（通）」に対する処罰はあった（妻への処罰が大半）	父（男）系制
古代の日本社会	・女性の相続権あり ・配偶者（妻）の相続は可 ・夫婦別財制	・男女当人が主体 ・婚姻形態は多様でかなり曖昧 ・離婚そのものも曖昧 ・「姦（通）」に対する処罰は不明	双方（系）制

終章　まとめと今後の展望

――真の男女平等へ

第一節　まとめ

以上の三章にわたり、日本社会における男尊女卑の実体を主に法律のルールによって見てきた。その際、日本社会に大きく影響を与えた近代以前の中国や古代と近代の西洋社会のあり方も、比較のためにかいつまんで紹介した。その結果、日本における男尊女卑の歴史的変遷を俯瞰できることになる。序章の表1に示した通りである。

つまり、古代では男女格差が曖昧であったのが、男尊女卑の本家本元である近代以前の中国の圧倒的な影響で、古代後半から中世以降にまず支配層から男尊女卑的社会に移行し、近世になり被支配層にも浸透・定着して全社会を覆うことになり、明治ではそれが西洋近代法の形式で制定されたが、第二次世界大戦後にＧＨＱの意向により、民法の家族法分野が男女平等的ルールへと改正された、というわけである。実態としても、近年では相続などの場での女性の財産相続、夫婦財産制における夫婦の平等性、婚姻や離婚における男女の対等性などはかなり認められていると考えてよいのではないだろうか。

ところが、女性の社会的地位（女性と社会との関係）は、戦後七〇年を経ても戦前とあまり違わない、というのが実情だろう。要するに、私的な面では男尊女卑はかなり克服されつつあるが、公的な面では男女平等にはほど遠いということだ。変化を好まないという日本社会の特質がその一因かもしれない。

こうして、古代社会と現代社会との類似点と相違点に着目できる。それを再び表18として示す。

序章で指摘したように、この表からも古代日本社会と現代日本社会の類似点と相違点とが一目瞭然に理解できるだろう。

むろん、古代と現代を直接、比較するということに疑問が生じるのは当然だ。

だがしかし、考えるべき重要な点は、男女関係のバリエーションが人間社会に数多く存在し、その変化も著しい、というものではないということである。現に、中国や西洋の社会では、史料的に確認できる限りの、古代から近代以前までの長期間（おそらく二千年以上）にわたり、男尊女卑（≒家父長制）的な男女関係が継続したのは明らかで、女性の社会（経済）的活動

表18　古代日本（8世紀まで）と現代日本の財産相続・夫婦財産制・婚姻・離婚の比較

	財産相続	夫婦財産制	婚姻	離婚
古代	女性の相続権あり	夫婦別財制（妻の所有があった）	・男女当人が主体【説話の世界1】 ・婚姻形態は多様で曖昧（嫁取り婚はまだ広まっていない）	・離婚そのものが曖昧 ・妻の持参財産は夫の所有とはならず、返還されたらしい ・夫婦の不貞がともに処罰されたか否かは不明
	◎八世紀までは女王・女帝が統治者として活動した（これ以降の日本では、女性の政治的リーダーは登場していない。ただし、江戸時代に明正・後桜町の二女帝の即位が確認できるが、もはや実権はなかった） ◎女性が司祭や巫女として祭事に関わっていた ◎女性の経済的活動なども確認できる			
現代	女性の相続権あり	夫婦別財制（妻の所有もあり）	・男女当人が主体 ・嫁取り婚はあるが、ほかの形態もある	・子の監護は夫婦の協議 ・夫婦双方に財産分与権あり ・夫婦双方の不貞が離婚の要因　処罰はない

◎女性の政治的リーダー（国家の代表）は登場していない（国会議員などの数も非常に少ない）
◎女性と祭事との関わりは認められるが、制約も残っている
◎女性の経済的活動（指導的な）なども制約を受けている

（※二重点線部は男尊女卑的な内容で、二重傍線部は男女平等的な内容）

もかなり制約されていたと考えられる。つまり、男女関係や女性と社会との関係などは時代の変化による影響をあまり大きくは受けなかったと評価できるのである。

こうした主要な社会の不変性（もちろん詳細にみると変化は認められる）に比べると、日本社会の変化の方がむしろ少数派といえることになる。古代の後半から中世以降にかけての変化は中国文化の圧倒的な影響（その始まりは中国律令の受容）によるもの、第二次世界大戦の敗戦による変化はGHQの意向によるもので、各々外部からの影響によるものだった（もっとも中世と近世は、男性がもっぱら担う武力闘争を手段とする、武家政権の登場・支配という内的な要因だ）。ということは、日本社会では、外圧などの影響がなかったならば、古代から現代に至るまで、ほぼ同質の双方（系）制による男女格差の小さい状況が続いていた可能性が高いと推論できる。

こうした議論が認められるならば、男女関係の背景を一旦切り離して単純化し、そのあり方の大局的な比較を通して、今後の方向性を見出そうとするのは、一定の意義を持ちうるのでは

ないだろうか。

さて、このような前提を踏まえた上で、日本社会に対する先ほどの認識が正しいとするならば、改善する方向性はもう明らかだろう。マツリゴト二者のうち、祭事は現代社会における存在意義が、近代以前の社会に比べるときわめて小さいものとなっている。また、中世から現代までという長い時間の堆積があり、その改善にはかなりの時間を要するだろう。したがって、やはりもう一方の政治（政事）の場から改善していくべきだろう。現代の民主主義は祭事に比べてその意義ははるかに重要だし、しかも民主主義の政治体制が日本社会に実質的に定着したのは第二次世界大戦の敗戦後で、あまり時間が経過していない。それゆえ、男尊女卑的な日本社会のあり方を改善する一つの道筋として、政治（政事）の場から始めていくのが合理的な方策だと判断できるだろう。

むろん経済分野での男女格差も考慮するべきだろうが、次節で紹介するように、政治分野（経済分野も）での改革には見習うべきモデルがすでに存在している。だから、まずはそこから具体的に始めるのが近道で、その影響が経済分野にも波及していくように制度を設計すれば良いと考える。

第二節　今後の展望――クオータ制の導入

以上の理解により、政治の場から、具体的には国会（地方）議員の選出方法などを変更することから始めるべきだろう。むろん現代の民主主義の政治体制の根幹には代議制があるからだ。政治の場（代議制）で男尊女卑的状況を早急に改善するには、韓国なども含めたＯＥＣＤ加盟国の大半が採用しているクオータ制を明確に導入することだ。クオータ制を採用した大半の国で劇的な効果が出ているのだから。一方、ＯＥＣＤ加盟国で未採用か野党の一部のみが採用しているのは、日本――二〇一八年に成立した「候補者男女均等法（政治分野における男女共同参画の推進に関する法律）」は、後に述べるようにその内容からクオータ制を採用したものとは考えられない――、アメリカ合衆国、ニュージーランド、トルコの四カ国のみである。

そもそもクオータ制とは、一九七八年に制定されたノルウェーの男女平等法に「公的機関が四名以上の構成員を置く委員会、執行委員会、審議会、評議員会などを任命または選任するときは、それぞれの性が構成員の四〇％以上選出されなければならない。四人以下の構成員を置く委員会においては、両性が選出されなければならない（数値は一九八八年に改正）」とあるのが原型で、男女の平等を公的機関に強制するシステムのことである。

その後、この制度はヨーロッパ諸国をはじめとして南米やアフリカ諸国などの世界各国に普及していった（アジアでは韓国、台湾—不正確だが本書では「国」として扱う—、ネパール、東ティモールなど）。そのスタイルは、第一のタイプとしてフランス（憲法にも規定がある）、ベルギー、アルゼンチン、韓国、台湾などのように法律によって国会議員や地方議員などの議席数、候補者数にこれを強制する国、第二のタイプとしてドイツや北欧諸国のように政党の内規としてこれを自発的に定める国、などがある。その違いは、議員の選出システムが小選挙区制か比例代表制か、民主主義の定着度・成熟度、女性運動の力強さ、などに起因するようだ。

現状では、女性議員の比率が三〇％以上を達成している国の大半がこのクオータ制を導入している。たしかにフィンランド、デンマーク、ニュージーランドなどのように、クオータ制を導入しないでこの比率を達成している先進諸国もあるが、それらの国々はクオータ制が始まる以前から政治への女性参加の比重が大きく、その必要がなかった国々なのである。けれども、先進国の中でクオータ制を導入していないアメリカ合衆国や日本などは女性議員の比率はきわめて低く、二〇％以下（日本の現状は一〇％以下—これは衆議院議員での比率—）だ。このような現状分析から、クオータ制が女性の政治参加を高めているのは明らかだろう。

また、女性議員の比率達成に深く関係する選挙システムをみると、比例代表制の方が小選挙区制よりもその比率は高くなると指摘されている。複数の候補者を選出できる比例代表制では女性議員候補者が立候補しやすいからだと説明される。一人だけを選ぶ小選挙区制だと、まだ男性候補者が優先される傾向にあるようだ。だから、小選挙区制の国で、さきの比率を実現しているのはアフリカのタンザニアとウガンダの二国だけである。

さらに近年では、EU議会が企業の役員の女性割合にもクオータ制の適用を加盟国に求め、具体的にはノルウェー、オランダ、フランスなどの諸国で法制化が進んでいる。つまり、政治分野だけではなく、経済分野でも男女格差の解消が目指されているわけだ。

こうした世界の状況から日本の現状をみると、女性議員の比率がはなはだしく劣っているのは明々白々だろう。第二次世界大戦の敗戦後、さきに紹介した家族法分野での男女平等規定の導入だけではなく、女性参政権を早々とルールづけした日本（といってもGHQからの「押しつけ」だが）の現状はこのように惨憺たるものである。なかでも、同じ東アジアに属し、中国から圧倒的な男尊女卑的思考の影響を受けた韓国、台湾に比べると、こうした日本の停滞というよりも劣化は一層、異様に見えてしまう。実際に、両国は一九八〇年代ころまではきわめて男尊女卑的な法制度を維持していたが、急速に変化を遂げ、男女平等的な政治状況へ向かいつつあるのだから。それゆえに、是非とも日本の現状を改めねばならない。

そこで、具体的にはどの国のシステムを学ぶべきかという問題だが、やはり日本と同様に、小選挙区・比例代表制を併用している近隣の韓国・台湾の二国だろう。

まず韓国の状況からみていこう。日本の植民地支配が終わった後、韓国では朝鮮戦争という内戦ともいえる戦乱があり政治的に混迷し、しばらくは軍事政権が続いた。けれども、一九八七年に民主化が達成され、選挙によって民主的に選ばれた政権が登場する。ところが、中国の強大な影響にさらされ、伝統的に男尊女卑的な考えが強い社会であったので、政治の場に女性が進出するなどということはなかなか実現できなかった（日本でも少し遅れて一九八九、九〇年ころに社会党委員長の土井たか子による「マドンナ旋風」が吹き、国会に一定数の女性議員が進出したが、一過性のものに終わった）。

しかしながら、こうした現状を女性運動がリードして大きく変えていったのだ。その結果、国内の政治改革が次々と行われ、国際環境の変化も好都合なことに重なったようだ。つまり、政治動向に歩調を合わせるように、まず八〇年代後半からサムスン電子を筆頭として、後に世界にはばたく企業が登場し、経済が活性化される。その労働力として多くの女性が社会進出を果たした。だが、九〇年代後半のアジア通貨危機により経済活動は大きな打撃を受ける。このショックをきっかけに、政治改革が目指され、一九九七年に直接選挙による韓国史上はじめての政権交代が成し遂げられ、金大中大統領が登場した。

この金大中政権下で政治改革も次々に実行され、二〇〇〇年にクオータ法が成立したのである。ただし、その内容は不十分なものであった。比例代表の三〇％のみに限ったもので（完全に行われとしても全議席数のわずか五％）、それも各政党の努力に委ねたものに過ぎなかった。だから、国民の多くは納得せず、次々と改革が重ねられていくこととなる。

その結果、現時点（二〇一三年）では

・国政選挙――全議席の一八％の比例選挙区では女性の候補者を五〇％、全議席の八二％の小選挙区では女性の候補者を三〇％とする。ただし、違反に対する罰則はなし。

・地方選挙――国政選挙にほぼ準じる。ただし、違反に抜け道はあるが罰則あり。

という制度となっている。

つまり、韓国でのクオータ制は法制度として定着しているが、現実には政党の努力目標的なものに止まっており、国会における女性議員の比率は一五・六％（二〇一三年）であり、不十分な状況と言わざるを得ないだろう。また、旧態依然たる男尊女卑的な韓国社会を告発する小説がベストセラーになったりしているようだ。男尊女卑的な風土は一挙には変えられないのだろうか。しかし、前代より一歩も二歩も前進していることは確かである。一定の時間は必要なのだろうが、今後の推移に期待したい。

次に、台湾の動向をみよう。台湾も日本の植民地支配を脱してのち、やはり順風満帆であったわけではなかった。つまり、中国大陸での国・共内戦に敗れた国民党の中華民国政府が台湾に逃れ、蔣介石・蔣経国親子が総統として一九八七年まで戒厳令を敷き、ほぼ独裁的に支配してきた。ところが、家電やIT産業を中心とした経済の活性化に連動する形で民主化運動が起こり、女性運動も一気に活発になった。九〇年代に入ると国民党に対抗する民進党が躍進し、女性運動もそれと手を組み、女性の政界進出が推し進められた。

こうした流れのなかで立法委員（国会議員）選挙制度などが次々と改革され、主要政党の女性定数保障制（≒クオータ制）が導入されていった。二〇〇〇年に民進党政権が誕生すると、このような動きは一層加速され、閣僚や上級公務員において女性の比率を高めた。さらに、二〇〇四年に憲法が改正され、立法委員を選ぶ選挙制度でも比例選挙区では各政党の当選名簿の二分の一以上を女性とすることが定められ、全議員のなかでの女性比率が約一五％に高まることになった。もっとも、小選挙区においては国民党も民進党も女性候補者を選定する有効な規定は定められていなかった。

一方、地方自治体の長や地方議会議員の女性定数保障制（≒クオータ制）は一足早く、九〇年代後半から実現され、一九九九年に公布された地方制度法第三三条において、台北などの直轄市、県をはじめとする地方議会の定数の四議席ごとに一議席は女性に割り当てられることになった。

以上のような経緯をたどり、現状（二〇二三年）では台湾の国会議員の女性比率は三三・六％となり、アジアでもっとも高い比率となっている。韓国を上回る女性比率を実現できた理由としては、比例区議席の占める割合が韓国では一八％であるのに対して、台湾では三〇％であり、さらに小選挙区でも二五％を超える女性比率となっていること、と指摘されている。

要するに、韓国と台湾の両国は、クオータ制を国会議員選挙の場に導入し、一定以上の女性議員比率を実現したのである。そのうえ、ともに女性の政治的リーダーも登場した（韓国では前大統領の朴槿恵《パククネ》氏、台湾では現総統の蔡英文《ツァイインウェン》氏）。一九八〇年代以前の男尊女卑的な状況とは一変したといえるほどの改革を成し遂げたといえるだろう。もちろん平坦な道のりでは決してなく、激動する政治状況を乗り越えた結果とみなせるのである。

さて、わが日本。韓国と台湾の両国が大きく変わっていく時点（一九九〇年前後）に「マドンナ旋風」が吹いたことは先に紹介した通り。ところが、一過性のものに終わってしまい、現状では女性議員の比率はさきに記したように目を覆わんばかりの惨状だ。その原因として、女性運動の弱さなどが挙げられており、実際の投票行動でも女性は女性候補者を特に支持していないことが大きいと思われる。女性自身がジェンダー・ギャップをあまり認識していないようなのだ。なぜなのか。

敗戦後の男女平等への変化がＧＨＱの「押しつけ」によることと、安定的で微温的な政治状況が、何より大きいのではないかと考える。韓国や台湾の戦後の状況と比べると、理解しやすくなるだろう。つまり、これまで紹介したように、両国の戦後の政治状況は、まさに激動という言葉が相応しいものだった。日本の植民地支配という圧政から解放された後、一方は戦乱、他方は戒厳令という非常に困難な状況を経て、ようやく民主的な政治体制を自らの手で主体的につかんだのである。そしてほぼ同時に、男女平等的な政治制度を作り上げた。この「自らの手」がきわめて重要なのは明白だろう。

これに対して、戦後日本では敗戦直後に先進的な憲法が制定され、それに歩調を合わすべく民法の家族法分野のみが男女平等的なものに改正された。ところが、くり返すが、それはＧＨＱの「押しつけ」によるものだった。日本国民（とくに女性）の内在的な欲求からとはいえず、まるで「棚からぼた餅」のようなものにすぎなかった（むろんその背後には海外の戦場での、数百万人にのぼる壮・青年男子の死屍累々たる惨状があったわけだが）。

また、一九六〇年代から七〇年代の高度経済成長を担ったのは、まさに「企業戦士」としての男性社員だった。これとは逆に、女性には「専業主婦」としてそれを支えるという役割が課せられ、その社会進出はそれほど進まなかった。つまりこの時点では、男女の役割分担（「わたし作る人、ボク食べる人」などというCMのコピーがそれを象徴していたが、おそらくこのような役割分担は戦後の限定的な現象であったと考えられる）がそれなりに機能していたわけである。さらに変化を好まないという国民性が影響した可能性も考えられる。それゆえに、さきの「マドンナ旋風」という絶好のタイミングを逃してしまったのだろう。

しかしながら、二〇一〇年代になり、ようやくまた新たな風が吹き始めているように感じる。バブル崩壊後、実質賃金は低下する一方で、夫（男性）一人の給与で家計を維持することが難しくなり、妻（女性）の社会進出が一層進んだ。そうした状況のなかで、「専業主婦」は不可能（もともと幻想に過ぎなかったともいえる）で、自らも職に就かざるを得ないことを認識した若い女性たちが、近年、男尊女卑的な社会状況に対して危機感を持って行動し始めたように思う。

このチャンスを生かして、ここまで論じてきたように男女平等的な社会にすべく、その手始めとして政治の場において突破口を開くべきだ。身近に韓国・台湾というモデルがあるのだから。もちろん台湾の方がモデルとしては相応しいだろう。なにしろ女性議員の選出比率がアジアで最も高い、先進的な選挙制度を実現しているのだから。

なるほど、日本でもようやく二〇一八年に「候補者男女均等法（政治分野における男女共同参画の推進に関する法律）」が成立・施行されている。しかし、その内容はたとえば

> 第三条　国及び地方公共団体は、前条に定める政治分野における男女共同参画の推進についての基本原則（次条において単に「基本原則」という。）にのっとり、政党その他の政治団体の政治活動の自由及び選挙の公正を確保しつつ、政治分野における男女共同参画の推進に関して必要な施策を策定し、及びこれを実施するよう努めるものとする。
>
> 第四条　政党その他の政治団体は、基本原則にのっとり、政治分野における男女共同参画の推進に関し、当該政党その他の政治団体に所属する男女のそれぞれの公職の候補者の数について目標を定める等、自主的に取り組むよう努めるものとする。

などとあるのみだ。つまり、女性候補者の比率についての具体的な数値がなく、罰則規定もなく、国や地方自治体および政党などに単に努力を求めるだけのものに過ぎない。韓国や台湾の法制度に比べて、大幅に後退したものとなっている。したがって、その内容はクオータ制と呼べるものではなく、あまり効果は期待できないだろう。

だがしかし、政治の無策により少子化の改善に一向に目処がつかず、二〇一〇年には超高齢社会（六五歳以上の高齢者が総人口の二〇％を超えた社会）に突入し、人口減少が続く日本が、先進国の一角を占め続けるためにも、この法案を改正して韓国や台湾のそれに近づけ、数値目標や罰則なども設けた、明確なクオータ制を早急に実現する必要があると考える。そうすることにより、男尊女卑的な日本社会を変革せねばならない。もちろん、女性の社会参加を一層図らねばならないのだから。

こうして政治分野でのクオータ制が実現できた後（あるいは同時並行的）に、ＥＵ諸国を見習って経済分野でもその実現を目指すべきだろう。

今後の日本社会を担う若い女性（もちろん男性も）が中心となって、この目標に向かって突き進むことを期待しつつ本書を終えたいと思う。

参考文献

第一章

明石一紀『日本古代の親族構造』（吉川弘文館、一九九〇年）
石岡浩ほか『史料からみる中国法史』（法律文化社、二〇一二年）
井上光貞ほか『律令』（岩波書店、一九七六年）
尾形勇ほか『歴史学事典』（弘文堂、一九九四〜二〇〇九年）
滋賀秀三『中国家族法の原理 第二版』（創文社、一九七六年）
関口裕子『日本古代婚姻史の研究（上・下）』（塙書房、一九九三年）
関口裕子『日本古代家族史の研究（上・下）』（塙書房、二〇〇四年）
高群逸枝『日本婚姻史』（至文堂、一九六三年）
成清弘和『日本古代の家族・親族』（岩田書院、二〇〇一年）
成清弘和「戸令応分条の比較研究」（『日本書紀研究』第二四冊、塙書房、二〇〇二年）
成清弘和『女帝の古代史』（講談社現代新書、二〇〇五年）
仁井田陞『中国身分法史』（東京大学出版会、復刻版、一九八三年、初版は一九四二年）
服藤早苗『家成立史の研究』（校倉書房、一九九一年）
ジョゼフ＆フランシス・ギース（栗原泉訳）『中世ヨーロッパの結婚と家族』（講談社学術文庫、二〇一九年）

M・カーザー（柴田光蔵訳）『ローマ私法概説』（創文社、一九七九年）
H・ミッタイス（世良晃志郎ほか訳）『ドイツ私法概説』（創文社、一九六一年）

第二章

青山道夫ほか編『講座 家族 五 相続と継承』（弘文堂、一九七四年）
網野善彦『日本の歴史をよみなおす』（筑摩書房、一九九一年）
石井進ほか『中世政治社会思想』（岩波書店、一九七二年）
石井良助『日本相続法史』（創文社、一九八〇年）
大竹秀男『「家」と女性の歴史』（弘文堂、一九七七年）
鎌田浩『幕藩体制における武士家族法』（成文堂、一九七〇年）
川尻秋生『平安京遷都』（岩波新書、二〇一一年）
黒田弘子「中世後期の村の女たち」（『日本女性生活史2 中世』東京大学出版会、一九九〇年）
女性史総合研究会編『日本女性史 第二巻 中世』（東京大学出版会、一九八二年）
女性史総合研究会編『日本女性史 第三巻 近世』（東京大学出版会、一九八二年）
田端泰子『日本中世の女性』（吉川弘文館、一九八七年）
中田薫『法制史論集 第一巻』（岩波書店、一九二六年）
中田薫『徳川時代の文学に見えたる私法』（岩波文庫、一九八四年）
成清弘和『女性と穢れの歴史』（塙書房、二〇〇三年）
西本昌弘『桓武天皇』（山川出版社、二〇一三年）

服藤弘司『相続法の特質　幕藩体制国家の法と権力V』（創文社、一九八二年）
古瀬奈津子『摂関政治』（岩波新書、二〇一一年）
牧英正・藤原明久編『日本法制史』（青林書院、一九九三年）
松田毅一『フロイスの日本覚書』（中公新書、一九八三年）
美川圭『院政』（中公新書、二〇〇六年）
山中永之佑『幕藩・維新期の国家支配と法』（信山社、一九九一年）

第三章

青山道夫ほか編『講座　家族　三　婚姻の成立』（弘文堂、一九七三年）
青山道夫ほか編『講座　家族　四　婚姻の解消』（弘文堂、一九七四年）
青山道夫ほか編『講座　家族　五　相続と継承』（弘文堂、一九七四年）
尾形勇ほか『歴史学事典』（弘文堂、一九九四〜二〇〇九年）
稲本洋之助『フランスの家族法』（東京大学出版会、一九八五年）
佐藤良雄『夫婦財産契約論』（千倉書房、一九八四年）
若尾祐司『近代ドイツの結婚と家族』（名古屋大学出版会、一九九六年）
M・デルマ＝マルティ（有地亨訳）『結婚と離婚』（白水社、一九七四年）
J・ベイカー（小山貞夫訳）『イングランド法制史概説』（創文社、一九七五年）
H・ミッタイス（世良晃志郎ほか訳）『ドイツ私法概説』（創文社、一九六一年）

明治安田生活福祉研究所「女性の相続と財産に関する調査結果概要」（https://www.myilw.co.jp/research/report/ 二〇一五年）

終章

三浦まり・衛藤幹子編『ジェンダー・クオータ 世界の女性議員はなぜ増えたのか』（明石書店、二〇一四年）
ウィキペディア「クオータ制」の項

あとがき

本書は、男女格差が一向に縮小しない日本社会の現状に鑑み、その改善に資するために一石を投じるべく構想・執筆したものである。古代史が専門の私が「男尊女卑」の通史をまとめるなどというのはおこがましい限りだが、現状を改善する方策は古代史での探究のみでは見いだせない。ましてネット全盛の現代において、歴史に対する社会全体の関心が薄れたなかで、古代史などというはるか遠い時空間は多くの人々の関心の埒外にあるのは明々白々だろう。それゆえに、自らの非才をも省みず通史と今後の展望に挑戦したのである。

こうした試みを敢えて行おうとしたのは、近隣の韓国・台湾に比べても日本の男女格差がはなはだしいことを、世界経済フォーラム発表のジェンダー・ギャップ指数に関する報道で知ったからだ。いうまでもなく韓国・台湾は、「男尊女卑」の本家本元である中国からの巨大な影響を被り続けた地域、国家で、一九八〇年代前半までは男女格差がきわめて大きい法律制度を維持していた。それが八〇年代後半から九〇年代にかけて急速に変化を遂げ、現時点のジェンダー・ギャップ指数では日本をはるかに越えた上位にある。すでに女性の政治的リーダーも登場している。

この逆転現象は一体どういうことなのか、としばらく頭を抱えてしまった。現在でも男女格差においては日本の方が先進的だと思い込んでいたのだ。とくに専門の古代史の領域では、双方（系）制という親族組織のあり方から、日本社会は男女格差が小さかったことを実証した積もりだったので、なおさらのことであった。

このような経緯により「男尊女卑」の実体を通史で明かそうと考え、各時代ごとの諸業績を読み漁り、クオータ制などに関する知見も収集し、さらに西洋諸国との比較も欲張ることになったのである。ただし、この西洋諸国に関する記述は専門外のものなので、不正確になっているかもしれない。識者のご教示を乞いたいところである。

また、日本の「男尊女卑」についての記述は各時代の主な法律のルールを分析の対象としたので、その実態にまで迫ることが不十分だと考える（専門の古代ではそれなりに言及した）。しかしながら、各時代をそこまで掘り下げて分析・記述するのは至難のことで、自らの能力を超えていると言わざるを得ないだろう。

読者のなかでそこまで関心を持たれる方があるなら、巻末に掲げた種々の参考文献に当たってもらいたい。

ふり返れば、本書の執筆を始めたのは二〇一八年の夏、原稿の一応の完成に至ったのはほぼ半年後だった。ところが、そこから出版に漕ぎつけるのに本当に時間がかかった。私のような在野の研究者には著書出版のチャンスはあまりなく、以前お世話になった出版社に声をかけることから始めたものの、このようなテーマの書物は売れない（あるいは読者層が異なる）などと断られた。

そこで、新たに中堅の出版社数社に依頼したが、やはり同様の反応で断られ続けた。実は、明石書店からも一度は断られていた。しかし、類書がほとんど存在しない現状（あっても近・現代中心のジェンダー論に関わる著書）からも出版を諦めることは到底できず、本書の構成なども変更してなんとか編集部長の安田伸さんの了解を取り付けた訳である。それゆえ、氏のご判断に深く感謝の意を表したい。

それにしても、各出版社の判断は出版不況という現状からするとやむを得ない面もあろうが、日本社会の現状に対する問題意識が低いのではないだろうか。出版事業は営利目的だけに終わるものではないと考えるのだが、いかがであろう。

いずれにせよ、本書の内容（とくに中・近世）はその過半を先学の業績に負うものだが、このような通史として世に問い、現状を改善したいと願うのが私の本意であり、ひろく読者に受け入れられることを望みたい。

二〇二一年二月

著者記す

〈著者紹介〉
成清弘和（なりきよ・ひろかず）
1951 年兵庫県生まれ。早稲田大学第一文学部史学科日本史学専攻卒業。日本古代史（家族史）専攻。大阪大学外国語学部、関西大学文学部、神戸学院大学人文学部などの非常勤講師を歴任。著書に『日本古代の王位継承と親族』（岩田書院）、『日本古代の家族・親族』（岩田書院）、『女性と穢れの歴史』（塙書房）、『女帝の古代史』（講談社現代新書）、『理系のための論理が伝わる文章術』（講談社ブルーバックス）などがある

男尊女卑
―― 法の歴史と今後

2021 年 6 月 25 日　初版　第 1 刷発行
2021 年 8 月 20 日　初版　第 2 刷発行

著　者　成　清　弘　和
発行者　大　江　道　雅
発行所　株式会社 明石書店
〒 101-0021　東京都千代田区外神田 6 -9-5
電話 03（5818）1171
FAX 03（5818）1174
振替　00100-7-24505
https://www.akashi.co.jp/
装　丁　金子裕
印　刷　株式会社 文化カラー印刷
製　本　本間製本株式会社

（定価はカバーに表示してあります）　ISBN978-4-7503-5217-6